I0035147

FACULTÉ DE DROIT DE POITIERS.

DU

SÉNATUS-CONSULTE TRÉBELLIEN

EN DROIT ROMAIN

DES SUBSTITUTIONS PERMISES

EN DROIT FRANÇAIS

THÈSE POUR LE DOCTORAT

soutenue le mercredi 23 mars 1870, à deux heures du soir,

dans la salle des actes publics de la Faculté,

PAR

ALBERT LEFRANC

avocat, licencié ès lettres.

BORDEAUX

IMPRIMERIE G. GOUNOUILHOU

11, RUE GUIRAUDE, 11

1870

FACULTÉ DE DROIT DE POITIERS.

DU

SÉNATUS-CONSULTE TRÉBELLIEN

EN DROIT ROMAIN

DES SUBSTITUTIONS PERMISES

EN DROIT FRANÇAIS

THÈSE POUR LE DOCTORAT

soutenue le mercredi 23 mars 1870, à deux heures du soir,

dans la salle des actes publics de la Faculté,

PAR

ALBERT LEFRANC

avocat, licencié ès lettres.

BORDEAUX

IMPRIMERIE G. GOUNOUILHOU

11, RUE GUIRAUDE, 11

1870

A MON PÈRE ET A MA MÈRE

témoignage de respect et d'affection,

COMMISSION :

INTRODUCTION.

Le droit de tester a son principe dans le droit de propriété, lequel lui-même jette ses racines dans la loi imposée à chacun de travailler pour vivre. L'homme use des fruits de son travail selon ses besoins, puisque telles sont les intentions de la Providence. Mais un des plus puissants mobiles au travail de cet être sociable et prévoyant, c'est de pourvoir aux besoins des siens et d'assurer leur avenir. Immortel dans le principe de ses affections, il a le droit de vouloir que les plus nobles motifs de son activité ne soient pas trompés. Il peut donc disposer après lui des fruits d'un travail qu'il a en grande partie accompli pour ceux qu'il aime.

Les Romains ne considérèrent d'abord le testament que comme un attribut inévitable du droit de propriété. Maître absolu, le chef de famille conserve son autorité après la mort : il règle sa succession, comme il lui plaît. Cependant les héritiers du sang, qui continuent la famille, sont plus naturellement appelés à continuer aussi la personne juridique du défunt; dans le silence du testateur, la loi, présumant sa volonté, les désignait pour recueillir les biens.

A mesure que l'influence du droit civil diminue devant les conquêtes du droit honoraire, le chef de famille perd insensiblement sa toute-puissance. Considéré comme dépositaire des biens, il n'a plus le droit d'en dépouiller complètement ses enfants. Enfin, protecteur des intérêts de tous, le législateur intervient plus efficacement pour empêcher que les biens ne tombent entre les mains de certaines personnes; peu à peu les incapacités augmentent, la faculté de tester se restreint.

Après avoir joui d'une si grande liberté, le testateur s'indigne d'être enfermé dans de si étroites limites; avec l'ingéniosité qui est le propre du caractère romain, il crée le fidéicommis pour transmettre ses biens, en dépit de la loi, à qui il lui plaît. Le législateur, en supprimant certains abus est cependant forcé d'accepter cette institution. Le fidéicommis s'étend aussitôt, et devient un des monuments les plus importants de la législation romaine.

La France du moyen âge, à peine échappée aux invasions barbares, fut soumise à de grands feudataires, jaloux les uns des autres, désireux d'augmenter sans fin leur autorité; fiers de leur nom autant que de leur puissance, ils ne voulaient pas que la mort rendît passagers ou inutiles les efforts de toute une vie. Diviser entre ses héritiers sa fortune, ses domaines, c'était pour tout chef de famille assurer l'avantage à ses voisins. Il fallait donc avant tout concentrer les biens entre les mains d'un seul, celui que Dieu désignait pour continuer l'œuvre du père : le fils aîné.

Trouvant le fidéicommis dans les lois romaines, le roi d'abord, les seigneurs ensuite, s'empressèrent de lui donner droit de cité. Une de ses formes se prêtait mieux à leurs projets; ils l'admirent à l'exclusion de toute autre. Le fidéicommis pouvait être conditionnel. Le père laissa donc ses biens au fils aîné, à la condition que ce dernier les transmettrait à sa mort à son fils aîné.

Cette disposition appelée d'abord substitution fidéicommissaire, puis, plus simplement, substitution, dépouillait donc toute une famille au profit d'un seul de ses membres. Elle accrut si rapidement l'autorité des chefs de l'aristocratie française qu'elle porta ombrage aux rois de France. En vain, après l'avoir encouragée au début, essayèrent-ils de la combattre par trois ordonnances successives. La Révolution fut seule assez forte pour détruire la substitution.

Le droit moderne, appelé à régir une société transformée, en proscrivant cette institution d'une manière générale, la maintint cependant dans des cas exceptionnels : par elle, le grand-père et l'oncle peuvent assurer seulement l'avenir de leurs petits-enfants et de leurs neveux.

Cette institution a donc subi des modifications profondes dans chacune des trois législations qui l'ont régie. Imaginée à son origine comme un moyen de violer la loi, appelée ensuite à fortifier, aux dépens de la famille, un orgueil héréditaire, elle est devenue de nos jours un auxiliaire de la loi, de la famille, contre lesquelles elle avait été dirigée.

DROIT ROMAIN.

DU SÉNATUS-CONSULTE TRÉBELLIEN.

—<o>—

« Les testaments étant une loi du peuple devaient
être faits avec la forme du commandement et par des
paroles que l'on appela directes et impératives. De
là il se forma une règle, que l'on ne pourrait donner
ni transmettre son hérédité que par des paroles de
commandement : d'où il suit que, dans certains cas,
on pouvait bien faire une substitution et ordonner que
l'hérédité passât à un autre héritier, mais qu'on ne
pouvait jamais faire de fidéicommis, c'est à dire,
charger quelqu'un, en forme de prière, de remettre
à un autre l'hérédité ou une partie de l'hérédité (¹). »
Il résulte de ce passage, qui contient en même temps
la définition du fidéicommis, qu'un citoyen romain
ne pouvait marquer ses dernières volontés que dans
un testament : et encore était-il renfermé dans

(¹) Montesquieu, Esprit des Lois. L. 27.

d'étroites limites. Non seulement les dispositions testamentaires étaient entourées de formalités minutieuses, mais encore elles ne pouvaient servir pour transmettre les biens aux incapables.

Ulpien et Gaïus (¹) présentent une énumération des incapacités basées sur des causes morales, civiles, et surtout politiques. Les unes étaient prononcées contre les personnes incertaines, les municipalités et certains temples; les autres contre tout étranger; et lorsque les sujets de l'Empire furent indistinctement élevés au rang de citoyen, la déchéance continua de frapper les barbares (²). La loi Voconia, voulant arrêter dans sa source le luxe des femmes, limita leur capacité (³). Puis ce furent : la loi Junia Norbana qui déclara incapables de recueillir les Latins Juniens, la loi Cornélia les proscrits et leurs enfants, la loi Junia qui frappa les célibataires, et la loi Pappia Poppœa ceux dont le mariage était resté stérile. Tel était encore, sous le règne d'Auguste, le *summum jus* dans toute sa rigueur.

Mais ces lois, trop absolument politiques, blessaient profondément les intérêts de la plupart des citoyens. Les Romains influents avaient surtout à en souffrir : c'étaient eux dont les familles avaient subi les rigueurs de la proscription, c'étaient eux qu'atteignait la loi Voconia, puisqu'elle ne s'appliquait qu'aux citoyens des cinq premières classes.

(¹) Com. 2, § 274 et suiv.
(²) D. de statu Hominum. L. 17.
(³) An 587 de Rome.

Les dispositions qui excluaient les étrangers étaient aussi impatiemment supportées. Pendant les guerres civiles, le Romain qui s'était expatrié se liait souvent d'amitié avec son hôte qui, pour lui, remplaçait la famille absente; il ne pouvait pourtant lui rien laisser.

Alors, pour échapper aux rigueurs du droit civil, le testateur instituait ostensiblement un héritier capable de recueillir; et, faisant appel aux sentiments de justice et à la bonne foi de ce dernier, il le priait de vouloir bien remettre l'hérédité à celui qu'il désirait réellement gratifier et que la loi défendait d'instituer. De ce fait que la disposition était abandonnée à la bonne foi de l'héritier, cette prière reçut le nom de fidéicommis.

Ces détours furent d'abord inutiles; en vain les testateurs s'efforçaient-ils d'obtenir dans le plus grand secret la promesse du fiduciaire, la loi annulait non seulement le serment de l'héritier institué, mais le testament lui-même (¹). Plus tard le testateur annonça sa volonté dans la disposition, mais en lui donnant une forme indirecte. Il instituait le fiduciaire en souhaitant que le fidéicommissaire fût apte à recueillir ses biens. Ce simple désir échappait aux rigueurs de la loi qui se contentait de déclarer le fiduciaire héritier pur et simple. C'était, dans les premiers temps où l'usage des fidéicommis n'était pas encore très répandu, mettre le fiduciaire dans une position fâcheuse : « Remettait-il l'hérédité, il était un mauvais

---

(¹) D. de jure fisci. L. 3. — D. de his quæ ut ind. L. 10.

citoyen ; la gardait-il, il était un malhonnête
homme (¹). »

Pour vaincre cette hésitation et pour lier aussi for-
tement que possible la conscience du fiduciaire, le
testateur lui faisait prêter les serments les plus solen-
nels ; mais souvent le fiduciaire gardait encore l'hérédité, après avoir violé le serment fait aux dieux Lares,
à Jupiter, ou à quelque autre divinité redoutée (²); il
put même quelquefois ne pas respecter la promesse
jurée au génie ou au salut de l'Empereur (³).

Cependant, Lucius Lentulus étant mort en Afrique,
après avoir laissé un codicille contenant un fidéicommis à la charge d'Auguste, ce dernier exécuta la
volonté du défunt, comme si elle s'était régulièrement
manifestée. Dès ce moment, il ordonna quelquefois
aux consuls d'obliger le fiduciaire à exécuter le fidéicommis, dans certains cas où la mauvaise foi était
tellement notoire qu'il y avait une question d'ordre
public à ne pas la laisser triompher impunément (⁴).
Ces actes furent accueillis avec reconnaissance par les
citoyens qui, depuis quelque temps, essayaient de faire
entrer le fidéicommis dans les lois (⁵). Ainsi soutenu
par l'opinion publique, encouragé par les préteurs,
par les plus savants jurisconsultes, par Labéon lui-
même, qui laissa des fidéicommis, Auguste finit par

(¹) Montesquieu, Esprit des Lois. L. 27.
(²) D. L. 77, § 22.
(³) Cic., In Verrem 2, 1, 47. — Instituts 2, 23, § 1.
(⁴) Instituts, 2, 23, § 1.
(⁵) Cic., de Fine boni et mali. L. 2.

généraliser la mesure, et les consuls obligèrent les
fiduciaires à tenir désormais leur serment (¹).

Ces dispositions imposées par les mœurs et la
situation même de l'Empire, après les guerres civiles,
ne furent donc d'abord consacrées ni par une loi, ni
par un sénatus-consulte; mais le point essentiel était
acquis, le fidéicommis devenant obligatoire. Cette
mesure entoura la nouvelle institution de tant de faveur
que l'intervention temporaire des consuls devint
insuffisante, il fallut une juridiction continuelle : *assidua
jurisdictio*. Un magistrat spécial, le préteur fidéicommissaire fut chargé de résoudre les nombreuses
difficultés qui s'élevaient à l'occasion des fidéicommis (²). Et, comme le fait remarquer M. Ortolan,
aucune action de droit civil ne pouvant découler du
fidéicommis, le préteur laissa de côté la procédure
ordinaire pour juger lui-même *extra ordinem* (³).

À l'origine, le fidéicommis était donc séparé des
institutions d'héritier et des legs par des différences
profondes. Pour n'en citer qu'une tirée de l'énumération présentée par Gaïus (⁴), le testament seul
pouvait produire un legs ou une institution d'héritier;
le fidéicommis au contraire était laissé par codicille,
forme employée le plus souvent par ceux qui mou-
raient *ab intestat* (⁵). De plus, tandis que l'institution

(¹) Instituts. 2, 25, p. 1.
(²) Instituts. L. 2, t. 23, § 1.
(³) Ulp., Reg. 25, § 12.
(⁴) Com. 2, § 284.
(⁵) Instituts, 2, 25, § 2.

était toujours universelle et que le legs ne pouvait
jamais l'être, le fidéicommis comprenait tantôt toute
l'hérédité, tantôt une partie seulement ou un objet
quelconque (¹).

Peu à peu les distinctions s'affaiblirent ou s'effa-
cèrent. Au temps d'Ulpien, les legs et les fidéicommis sont presque soumis aux mêmes règles; enfin
sous Justinien les effets de droit sont les mêmes,
puisque la disposition qui ne vaut pas comme fidéicommis vaut comme legs, et que celle qui ne vaut pas
comme legs vaut comme fidéicommis (²).

Cependant l'origine du fidéicommis permit de
l'interpréter toujours d'une manière plus libérale que
les dispositions testamentaires; pourvu que l'intention
fût clairement constatée, la volonté du donateur pouvait se manifester de la façon la plus élémentaire : par
un simple signe de tête. Justinien demande pourtant
la présence de cinq témoins (³), plutôt, il est vrai,
comme moyen de preuve, que comme solennité ajoutée à la disposition. Ainsi toutes les rigueurs du droit
civil ont été effacées par l'indulgence des empereurs;
par là même, le fidéicommis perd peu à peu ses caractères distinctifs (⁴). Un seul lui reste jusqu'au bout;
le fidéicommis continue de mettre en présence un

(¹) D. 20, 7, 2, § 4.
(²) C. Com. de Leg. L. 1.
(³) J. 23, § 12.
(⁴) Jusque sous Justinien, cependant, le fidéicommis permit
d'affranchir l'esclave qui n'aurait pu recevoir la liberté par un
autre moyen. Dans ce cas, l'aff   hi n'était pas orcinus, comme s'il
eût reçu la liberté par testamer   t était l'affranchi du fiduciaire.

fiduciaire qui reçoit, à la charge de rendre à un héritier fidéicommissaire.

Dans les hérédités fidéicommissaires, et à raison
de leur importance, les droits, les devoirs de chacun
d'eux étaient fort compliqués par suite de la position respective que leur avait faite la volonté du
disposant. Plus les empereurs se montraient favorables au fidéicommis, plus ils éprouvaient de peine
à concilier les intérêts du fiduciaire et du fidéicommissaire ; les règles sur ce point furent donc rema-
niées jusqu'au règne de Justinien.

Le but de cette étude est de rechercher quels ont
été les rapports établis entre ces deux personnes par
les différentes législations qui se sont succédé, et
surtout quelle position leur a faite le sénatus-consulte
Trébellien, qui peut être considéré comme l'acte
législatif le plus important qui ait régi la matière.

*Droits du fiduciaire et du fidéicommissaire avant le
sénatus-consulte Trébellien.* — A l'origine le véritable
héritier était le fiduciaire ([1]). Quant au fidéicommissaire, il n'était pas tant considéré comme légataire
que comme acquéreur de l'hérédité. Suivant les tra-
ditions et les cérémonies symboliques en usage à cette
époque, le fidéicommissaire achetait pour un certain
prix l'hérédité au fiduciaire qui jouait le rôle de
vendeur. Ce dernier était donc censé échanger pour
une somme, *nummo uno,* les biens qu'il avait reçus

([1]) Gaius, Com. 2, § 251.

du disposant. Mais cette cérémonie ne pouvait en rien
arrêter le droit des tiers; si donc, vis à vis du fidéicommissaire, le fiduciaire était devenu étranger à
l'hérédité, après la vente, vis à vis de tout autre, il
restait toujours investi du titre d'héritier. Seul, il devait
être actionné par les créanciers du défunt, seul il avait
le droit de poursuivre les débiteurs de la succession.

Pour amoindrir les inconvénients qui résultaient de
cette situation, les stipulations *emptæ et venditæ hereditatis* furent créées. Ces stipulations, dont Gaïus nous
a conservé les expressions (¹), obligeaient, d'une part,
le fiduciaire à rendre compte au fidéicommissaire des
sommes qu'il touchait, et d'autre part, le fidéicommissaire à garantir le fiduciaire des poursuites des
créanciers. Bientôt même le fidéicommissaire stipula
qu'il pourrait remplacer le fiduciaire, dans l'exercice
des actions héréditaires, à titre de procureur fondé
ou d'ayant-cause : *procuratorio aut cognitorio nomine.*

Mais ce système ne tarda pas à engendrer des abus
nombreux. Après avoir touché les sommes dues à la
succession, le fiduciaire devenait quelquefois insolvable ; la stipulation restait alors stérile et la volonté
du disposant ne recevait pas son exécution.

D'autres fois, c'était le fidéicommissaire qui devenait insolvable, après avoir dissipé les sommes remi-
ses entre ses mains par le fiduciaire ; ce dernier,
victime de sa bonne foi, se trouvait exposé sans
recours aux actions des créanciers héréditaires.

(¹) Com. 2, § 251.

Enfin, soit par indifférence, soit parce qu'il ne voulait pas s'exposer aux périls d'un règlement de compte, le fiduciaire répudiait l'hérédité ; dès lors, le fidéicommis était frappé dans son existence par le fiduciaire, qui, sans motif aucun, pouvait par là dépouiller le fidéicommissaire du bénéfice de la disposition.

C'est aux deux premiers abus, qui se produisaient plus fréquemment, que vint remédier le sénatus-consulte Trébellien, rendu sous le règne de Néron, et, pendant le consulat de Trebellianus Maximus et de Sénèque ([1]).

Texte du sénatus-consulte. — « Parce qu'il est éminemment juste, dit le sénat, que, lorsqu'il y a lieu à restituer une hérédité en vertu d'un fidéicommis, celui qui reçoit les droits et les bénéfices de la succession, doive également en supporter les charges et qu'il ne puisse abuser de la confiance qu'on lui a montrée, il est ordonné que les actions données jusqu'à présent pour ou contre les héritiers qui ont, conformément à la prière du testateur, restitué les biens, seront données désormais pour ou contre ceux auxquels le fidéicommis sera remis en vertu du testament : ainsi seront assurées les dernières volontés du défunt ([2]). » Il faut d'abord rechercher quand s'applique le sénatus-consulte.

(1) 815 de Rome, 62 après J.-C.
(2) D. ad senat. cons. Trebell. L. 1, § 2.

I. — Quand s'applique le sénatus-consulte.

Le texte montre assez par lui-même quel but se
proposait le sénat. Les actions étant directement
données aux fidéicommissaires et contre eux, l'insolvabilité de l'une des deux personnes appelées à jouer
un rôle dans le fidéicommis n'est plus à craindre, et
le fiduciaire est protégé à l'égal du fidéicommissaire ([1]). Cette mesure est générale; car la disposition s'applique à tous les cas où l'hérédité a
été laissée en totalité ou en partie par fidéicommis;
mais la règle ne pouvait être étendue au delà des cas
où l'on avait disposé d'une hérédité.

Il ne suffisait même pas que la charge de remettre
la succession eût été imposée à un fiduciaire quelconque; il fallait que ce fiduciaire fût choisi en qualité
d'héritier, pour que le sénatus-consulte s'appliquât :
Quasi heredem rogari oportet ([2]). Le sénatus-consulte
Trébellien avait été fait précisément pour éviter
tout recours d'action entre le fiduciaire et le fidéicommissaire : un légataire n'ayant pas les actions est incapable de les transmettre. L'hypothèse dans laquelle
s'est placé le sénatus-consulte repousse donc toute
idée d'un légataire transmettant un fidéicommis.

A part cette restriction si juste, le sénatus-consulte
était appliqué de la manière la plus large. Il n'y
avait pas à rechercher si l'héritier chargé de l'exécu-

([1]) D. ad senat. cons. Trebell. L. 1, § 3 et 4.
([2]) D. ad senat. cons. Trebell. L. 22, § 5.

tion du fidéicommis tenait sa qualité de la loi ou d'un
testament; le fidéicommis testamentaire était régi
par le sénatus-consulte aussi bien que le fidéicommis
laissé *ab intestat* (¹).

La puissance paternelle avait, parmi ses principaux
attributs, le droit de faire gagner au père les successions échues à son fils; il en était de même de la
puissance dominicale. Lorsque la succession était
transmise au fils ou à l'esclave avec la charge d'un
fidéicommis, le père, qui les avait sous sa puissance,
devenait véritablement l'héritier; c'est lui qui avait
qualité pour exécuter le fidéicommis, et les dispositions du sénatus-consulte lui étaient applicables.

Ce droit qu'avait le père était même une cause
fréquente de fidéicommis. Ne voulant pas laisser les
biens au chef de famille, le disposant le nommait
héritier avec prière de remettre les biens à son fils
quand ce dernier serait sorti de sa puissance (²). Les
rapports du père et du fils étaient alors réglés par le
sénatus-consulte Trébellien.

Si l'hérédité était laissée à un fou ou à un impubère,
il est évident que ces derniers, incapables de remplir
eux-mêmes le mandat qui leur était confié, pouvaient
être remplacés par leur tuteur ou leur curateur (³),
sans être pour cela privés du bénéfice du sénatus-
consulte.

Depuis le sénatus-consulte Apronien, toutes les

(¹) D. ad senat. cons. Trebell. L. 1, § 5.
(²) D. ad senat. cons. Trebell. L. 1, § 8.
(³) D. ad senat. cons. Trebell. L. 1, § 12.

cités de l'Empire avaient le droit de recevoir par fidéicommis. Seulement, une municipalité était moins apte qu'un particulier à répondre aux demandes des créanciers héréditaires ou à intenter les actions contre les débiteurs; l'application du sénatus-consulte Trébellien aurait donc pu leur être plus nuisible qu'utile. Elles durent alors désigner un mandataire chargé de les représenter pour l'exercice de leurs droits tant actifs que passifs, toutes les fois qu'une hérédité leur avait été laissée par fidéicommis (¹).

Ces règles étaient applicables même dans le cas où la disposition comprenait plusieurs restitutions. A l'époque du sénatus-consulte Trébellien, les fidéicommis étaient en grande faveur; l'habitude s'était introduite d'appeler successivement à l'hérédité plusieurs personnes nominativement désignées ou disposées par classes (²). Aucune loi ne s'est prononcée contre cet usage; il est vrai que la Novelle 59 contient une décision de Justinien ordonnant l'extinction d'un fidéicommis après le quatrième degré; mais il est probable que, comme le pensent Cujas (³) et Dumoulin, cette Novelle s'applique à un cas particulier. Quoi qu'il en soit, et dans tous les cas où une restitution devait être faite, le sénatus-consulte Trébellien s'appliquait comme si le fidéicommis eût été simple : tel est l'avis d'Ulpien (⁴).

(¹) D. ad senat. cons. Trebell. L. 17 in prin.
(²) D. de Leg. 3°, L. 1, 87. — De Liberat. Legat. L. 15.
(³) T. 2, col. 1022.
(⁴) D. ad senat. cons. Trebell. L. 1, § 8.

Pourtant, lorsque l'héritier fiduciaire était désigné comme devant être en même temps deuxième fidéicommissaire, alors, à raison de la situation exceptionnelle qui lui était faite, il n'était plus régi par les dispositions du sénatus-consulte ([1]).

Admis afin d'éviter les recours réciproques du fiduciaire et du fidéicommissaire, le sénatus-consulte ne s'appliquait plus quand le préteur n'avait pas le pouvoir d'intervenir, comme pour l'exécution d'un fidéicommis nul, par exemple. Paul, prévoyant le cas où un patron acquitte un fidéicommis dont son affranchi l'a grevé injustement sur la portion qui lui était due, ajoute même : *et ideo si per errorem fecit, etiam repetetur* ([2]).

En résumé, le sénatus-consulte Trébellien n'exigeait, pour son application, que deux règles essentielles : le fiduciaire devait avoir la qualité d'héritier, et le fidéicommis exister légalement.

Aucun terme spécial, aucune expression solennelle n'était nécessairement exigée. Pour savoir si le testateur avait bien entendu faire un fidéicommis, les jurisconsultes étaient quelquefois embarrassés. Ils se tiraient le plus souvent des dispositions les plus obscures, en supposant chez le testateur la volonté de faire un fidéicommis ([3]). Mais, quand le doute était absolu, comment distinguer, par exemple, le fiduciaire auquel le sénatus-consulte Trébellien était applicable,

([1]) D. ad senat. cons. Trebell. L. 70 in prin.
([2]) D. ad senat. cons. Trebell. L. 60.
([3]) D. ad senat. cons. Trebell. L. 19, § 1.

du *ministre*, du simple exécuteur des volontés du
défunt, qui n'était pas soumis aux lois sur le fidéicommis ([1])? Tout dépendait, dans ce cas, de l'interprétation donnée à la volonté du disposant.

II. — Comment le fidéicommis est transmis par le fiduciaire.

Dans le fidéicommis ordinaire, l'unique mission du
fiduciaire est de transmettre les biens; il s'acquittera
donc de cette charge dans le délai le plus court possible. S'occupant de la position du fiduciaire vis à vis
du fidéicommissaire, le sénatus-consulte Trébellien
suppose la restitution déjà faite. Il faut néanmoins
indiquer d'abord comment s'accomplit cet acte si
important.

Pour que le sénatus-consulte ait son effet, c'est à
dire pour que la succession soit censée remise, il faut
que le fiduciaire opère lui-même la restitution. Il est
remplacé par son tuteur ou son curateur quand il est
impubère ou fou, avec cette différence que le curateur du fou agit seul, le fiduciaire n'ayant alors
aucune lueur de raison ([2]); tandis que le tuteur autorise seulement l'impubère, qui opère lui-même la
restitution.

Lorsque les intérêts du tuteur sont en opposition
avec ceux de son pupille, ou tout au moins lorsqu'il
y a pour lui un avantage évident à ce que le fidéi-

([1]) D. De Leg. 2°, L. 17 pr.
([2]) D. ad senat. cons. Trebell. L. 35 et 37.

commis soit exécuté, son autorisation ne suffit plus :
un tuteur spécial est nommé pour autoriser la restitution du fidéicommis (¹).

Un cas plus compliqué est prévu par les textes (²).
Titius, en mourant, charge son héritier de remettre
ses biens à Caïus ; mais il avait été lui-même chargé
de remettre une autre hérédité à Mœvius, et il
n'avait pas opéré cette restitution. Caïus recueillera
donc tout à la fois les biens personnels de Titius et
ceux que ce dernier aurait dû remettre à Mœvius. Il
pourra, en vertu de son titre, opérer la restitution
que Titius a négligé d'effectuer.

C'est au fidéicommissaire que la succession doit
être restituée : cependant la puissance paternelle
empêchait bien souvent cette seconde règle d'être
appliquée. Ainsi, la succession ouverte au profit d'un
fils de famille appartient au père : le fidéicommis à
titre universel, ayant les mêmes effets que la succession, pourra être valablement restitué au père lorsqu'il aura été fait en faveur du fils. Si c'est un esclave
qui a été désigné comme fidéicommissaire, le maître
est apte à recevoir sans que l'esclave soit obligé
d'intervenir : sa personne reste tellement en dehors,
que si le fiduciaire se refuse à exécuter le fidéicommis, le maître du fidéicommissaire pourra directement
l'y contraindre par l'intervention du préteur (³).

Quand le fiduciaire a remis l'hérédité au fils ou à

(¹) D. ad senat. cons. Trebell. L. 1, § 13. — L. 37, § 1 in fine.
(²) D. ad senat. cons. Trebell. L. 55, § 4. L. 40, § 2.
(³) D. ad senat. cons. Trebell. L. 30, § 2.

l'esclave, le sort de la restitution est entre les mains du chef de famille, qui peut soit accorder, soit refuser sa ratification ; s'il l'accorde, toutes les règles du sénatus-consulte Trébellien sont applicables.

En recevant les biens, si le fidéicommissaire acquérait des droits importants, il se trouvait par contre chargé d'obligations nombreuses. Impubère, il ne pouvait donc recevoir le fidéicommis qu'avec l'autorisation de son tuteur ([1]). Ce dernier ne pouvait recevoir les biens à la place de son pupille : mais Justinien le lui permit dans deux cas : lorsque le pupille ne parle pas, ou lorsqu'il est absent; il donna le même pouvoir au curateur du furieux ([2]). Ces exceptions ne sauraient être étendues : dans tout autre cas, par conséquent, c'est le fidéicommissaire lui-même qui reçoit l'hérédité avec l'autorisation de son tuteur.

Si le fidéicommissaire a désigné un mandataire qui soit chargé de recevoir les biens en son nom, le fiduciaire n'aura pas à se préoccuper de la personne du mandataire, qui se trouve effacé par celui qu'il représente ([3]). Pour ne pas faire souffrir le fidéicommissaire des lenteurs de l'exécution, Marcien pense également qu'il peut disposer des biens compris dans le fidéicommis, avant même qu'ils lui aient été remis par le fiduciaire : ce dernier sera donc censé lui avoir remis à lui-même les biens, si, sur son ordre, il les a

([1]) D. ad senat. cons. Trebell. L. 37, § 2.
([2]) C. ad senat. cons. Trebell. L. 7 prin.
([3]) D. ad senat. cons. Trebell. L. 40, § 2.

livrés aux acquéreurs : le texte ne semble pas cependant permettre au fidéicommissaire de disposer ainsi
de l'hérédité tout entière : et ce mode de tradition ne
saurait s'appliquer qu'à des objets déterminés (¹).

Le fiduciaire, avons-nous dit, doit transmettre
l'hérédité le plus tôt possible. Cependant, lorsque la
nomination du fiduciaire a été elle-même soumise à
une condition ou à un terme, il faudra, pour la restitution, attendre l'accomplissement de la condition
ou l'arrivée du terme. Jusque-là, son droit est incertain, et incertaine par cela même l'existence du
fidéicommis. Le sénatus-consulte Trébellien ne saurait
s'appliquer, car, n'étant pas encore héritier, le fiduciaire ne peut transmettre des actions qu'il n'a pas.
Ainsi, c'est de ce principe, que, pour être chargé
d'un fidéicommis, il faut avoir la qualité d'héritier,
que découle cette autre règle : tant que la condition
d'où dépend son titre n'est pas accomplie, le fiduciaire
ne peut transmettre la succession (²).

La restitution, faite avant le terme ou l'accomplissement de la condition, n'était pas cependant frappée
d'une nullité radicale. Au moment où le terme est
échu et où la condition s'accomplit, une sorte d'effet
rétroactif atteignait la restitution : les actions dès lors
étaient censées transférées conformément au sénatus-
consulte Trébellien (³). Mais si la condition ne s'ac-
complissait pas, le fiduciaire ne pouvait pas se rejeter

(¹) D. ad senat. cons. Trebell. L. 65, § 4.
(²) D. ad senat. cons. Trebell. L. 9, § 5.
(³) D. ad senat. cons. Trebell. L. 16.

à l'abri des dispositions du sénatus-consulte, et il encourait les dangers de l'insolvabilité du fidéicommissaire.

Le plus souvent, le fiduciaire transférera les biens par le mode le plus naturel, la tradition : *Restituta hereditas videtur re ipsa* (¹). Pour que le fidéicommis soit censé restitué par ce mode, il faudra : 1° la préhension de tout ou partie des effets héréditaires par le fidéicommissaire ; 2° la volonté chez le fiduciaire de lui transférer la propriété ; 3° la volonté chez le fidéicommissaire d'acquérir cette propriété. Ainsi, si le fiduciaire transfère les biens en vertu d'une cause autre que le fidéicommis, l'exécution ne sera pas réputée accomplie, tout au moins faudra-t-il qu'en sa qualité de fiduciaire, l'héritier ratifie la tradition (²).

La succession peut encore être restituée, *verbo, per epistolam, per nummum* : ces espèces, citées par le texte comme exemples et non comme une énumération restrictive, peuvent être facilement régies par le sénatus-consulte Trébellien. Lorsque le fiduciaire a remis les biens entre les mains d'une tierce personne désignée par le fidéicommissaire, *si voluntate tua alii restituerit*, la restitution est censée faite au fidéicommissaire, au point que seul ce dernier aura l'exercice des actions. Il n'a jamais possédé cependant ces biens en réalité.

La restitution d'une partie de l'hérédité suffit certainement pour faire passer les actions au fidéicom-

---

(¹) D. ad senat. cons. Trebell. L. 10.
(²) D. ad senat. cons. Trebell. L. 16 prin.

missaire ; l'objet doit cependant être assez considérable
pour bien marquer la volonté du fiduciaire (¹). De
plus, vis à vis de ce dernier, pour être définitive, la
restitution devra être complète (²).

Le point de départ pour l'application du sénatus-
consulte est donc toujours la restitution des objets
compris dans l'hérédité. Quand, pour une cause quelconque, la restitution n'est pas faite, si le fiduciaire,
par exemple, est condamné à payer l'estimation ou la
valeur de l'hérédité, les actions ne sont plus transférées (³). Lorsque, au contraire, en vertu d'une
stipulation faite par le fidéicommissaire, le fiduciaire
de mauvaise foi est obligé de rendre non une estimation, mais la succession elle-même, le sénatus-consulte
Trébellien redevient applicable.

Enfin, la restitution peut être quelquefois retardée
au cas où ce n'est plus la qualité d'héritier, mais le
fidéicommis lui-même qui est soumis à une condition ;
par exemple, lorsque l'obligation de restituer est
soumise à un fait dépendant de la volonté de l'héritier (⁴). L'évènement s'est-il accompli, la restitution
devra être opérée. La certitude qu'il ne s'accomplira
pas est-elle acquise au contraire, l'héritier devient
pur et simple ; le fidéicommis n'a jamais existé.

(¹) D. ad senat. cons. Trebell. L. 37.
(²) D. ad senat. cons. Trebell. L. 78.
(³) D. ad senat. cons. Trebell. L. 63, § 1 in fine.
(⁴) D. De Leg. 3°. L. 41, § 13.

III. — Quels sont les droits accordés
au fidéicommissaire.

Au moment où l'hérédité lui est transmise, le fidéicommissaire acquiert sur les biens des droits absolus.
Gaïus exprime nettement cette règle : « Facta in
fideicommissarium restitutione, statim omnes res in
bonis fiunt ejus cui restituta est hereditas, etsi nondum
earum nactus fuerit possessionem.(¹). » Le moment où
il a accepté s'efface en quelque sorte de la vie juridique du fiduciaire et il conserve contre le fidéicommissaire les droits qu'il avait contre l'auteur de la disposition ; le fidéicommissaire recevra donc en même
temps tous les avantages et toutes les charges de la
succession. C'est depuis le sénatus-consulte Trébellien
que l'acceptation du fiduciaire n'eut plus pour effet de
confondre les biens de l'hérédité avec ceux de l'héritier ; il était impossible, en effet, de continuer d'assimiler une simple formalité comme l'acceptation du
fiduciaire avec l'acceptation sérieuse d'un héritier
ordinaire, et les biens passaient comme les actions par
dessus sa tête, pour aller au fidéicommissaire (²).

Par une conséquence naturelle, la perte de la
chose était supportée par le fidéicommissaire, à quelque moment qu'elle eût péri, le fiduciaire n'étant
responsable que de sa négligence ou de sa mauvaise
foi. Même dans ce cas une distinction est nécessaire :

(¹) D. ad senat. cons. Trebell. L. 63 prin.
(²) D. ad senat. cons. Trebell. L. 73, § 1.

le fiduciaire a-t-il détérioré ou détruit un objet héréditaire avant de remettre les biens, il doit une simple
indemnité au fidéicommissaire ; mais si la détérioration
s'est produite après que la succession est censée restituée, il est poursuivi par l'action de la loi Aquilia [1].

Quant aux aliénations qui ont été faites par le fiduciaire, elles sont en principe annulées par l'exécution
du fidéicommis ; cette règle est une nouvelle conséquence du principe, que le fiduciaire a toujours été
étranger à la succession. Il se trouve cependant dans
une position exceptionnelle, car, surtout lorsque le
fidéicommis est soumis à une condition ou retardé
par un terme, il peut être, pendant un temps assez
long, détenteur des biens. Quelque discrète que soit
son administration, il a pu être forcé de payer les
dettes héréditaires en l'absence du fidéicommissaire
dont le droit ne consistera quelquefois qu'en une
espérance ; les paiements faits par le fiduciaire seront
donc valables avant la restitution du fidéicommis [2].

Les affranchissements étaient accueillis, surtout dans
les derniers temps, avec une grande faveur, et on
essayait de les soustraire aux causes de nullité qui
les pouvaient frapper. Ainsi, les affranchissements
faits par le fiduciaire avant la restitution étaient validés ; ce dernier était seulement obligé de payer le
prix de l'esclave au fidéicommissaire [3]. L'indemnité

[1] D. ad senat. cons. Trebell. L. 70.
[2] D. De Solut. et Liber. L. 104.
[3] D. ad senat. cons. Trebell. L. 70. — D. ad senat. cons.
Trebell. L. 25, § 3.

était quelquefois augmentée par certaines circons-
tances. Ainsi, quand une succession était dévolue à
l'esclave, le fiduciaire, qui faisait perdre à la fois au
fidéicommissaire l'esclave et la succession, était tenu
de lui payer une double indemnité.

La bonne foi a été respectée par les législateurs de
tous les temps; il n'est donc pas étonnant que la
validité des aliénations faites sans fraude par le fiduciaire fût garantie à Rome (¹). Un mari institue sa
femme héritière, et par un codicille, qui ne doit être
ouvert qu'à la mort de cette dernière, la grève d'un
fidéicommis. La femme se croyant héritière pure et
simple, aliène un immeuble qui ne donne pas de
revenus suffisants. Assurément cette aliénation ne
sera pas révoquée, même lorsque, le codicille ayant
été ouvert, l'hérédité aura été restituée, car la bonne
foi de la femme et de l'acquéreur a été parfaite. Le
fidéicommissaire n'aura qu'un droit : celui de perce-
voir le prix de l'immeuble.

Mais, à part ces cas exceptionnels, il faut en revenir à la règle générale, et annuler tous les actes du
fiduciaire faits en qualité de propriétaire. Le fidéicommissaire, en revanche, voit confirmer toutes les
aliénations qu'il a consenties sur les objets héréditaires; que ce soit avant ou après la restitution, peu
importe (²); Papinien sur ce point s'exprime de la
manière la plus absolue.

Ainsi, de ce fait que le fidéicommissaire est le seul

(¹) D. De Leg. L. 89, § 7.
(²) D. ad senat. cons. Treboll. L. 56.

propriétaire, découlent les principes suivants qui résument la matière.

1° Le patrimoine du fiduciaire ne se confond pas avec l'hérédité.

2° Les objets héréditaires sont aux risques et périls du fidéicommissaire.

3° Sauf de rares exceptions, les actes d'aliénation faits par le fiduciaire sont révoqués.

3° Il faut valider les aliénations consenties par le fidéicommissaire.

Des fruits perçus sur les objets héréditaires. — Le fiduciaire administre naturellement les biens tant que le fidéicommis n'est pas exécuté; il perçoit également les fruits; mais fait-il les fruits siens, ou bien le fidéicommissaire a-t-il le droit d'en exiger la restitution? En principe, le fiduciaire les acquiert d'une manière définitive, en vertu d'un raisonnement très subtil. Les fruits n'existaient pas au moment où le fiduciaire a fait addition d'hérédité; ne les ayant pas trouvés dans la succession, il n'est donc pas obligé de les transmettre, car il les a prélevés plutôt sur les objets individuellement considérés que sur le fidéicommis même de l'hérédité. Cette démonstration est ainsi formulée : *Fructus autem non hereditati, sed ipsis rebus accepto feruntur* (¹).

Si les fruits sont exceptés de la restitution sous l'empire du sénatus-consulte Trébellien, c'est que le

(¹) D. ad senat. cons. Treboll. L. 18, § 12.

législateur présume que le disposant a voulu en pro-
curer l'avantage au fiduciaire. Cependant, si l'intention contraire, soit directement, soit indirectement,
a été clairement exprimée, les fruits devront rentrer
dans la restitution; la volonté sera suffisamment
indiquée par cette phrase : « que l'héritier restitue
tout ce qu'il aura recueilli de la succession (¹). »

C'est par une disposition analogue que le père
instituait quelquefois une tutelle indirecte au profit
de ses enfants. Quand il désignait un héritier, en le
priant par fidéicommis de remettre la succession aux
enfants à l'époque de leur puberté, Papinien décide
que le fiduciaire devait restituer les fruits perçus; il
résulte des termes de la disposition, que ce n'est pas
un fidéicommis, mais une tutelle qui a été constituée (²).

Intérêts des créances. — Les intérêts des sommes
dues au défunt en vertu d'une stipulation, les loyers
dus en vertu d'un contrat de location, ne sont pas
restitués par le fiduciaire (³), et sont assimilés aux
fruits. Cependant, s'il n'a pas encore exigé les intérêts, au moyen des actions héréditaires, avant de
transmettre les biens, il livre ces actions au fidéicommissaire, qui, d'après le sénatus-consulte Trébellien, s'en empare d'une manière définitive (⁴).

(¹) D. ad senat. cons. Trebell. L. 78, § 12. — D. ad senat. cons.
Trebell. L. 32.
(²) D. De Usuris et Fruct. L. 3, § 3.
(³) D. ad senat. cons. Trebell. L. 44, § 1.
(⁴) D. ad senat. cons. Trebell. L. 58, § 2.

Victime de sa négligence, il ne peut se faire restituer la valeur de ces actions.

Faut-il, les assimilant aux intérêts et aux fruits, décider que les enfants des femmes esclaves, nés avant la restitution de l'hérédité, appartiendront au fiduciaire? Les jurisconsultes étaient divisés sur ce point : tandis que Paul [1] attribuait la propriété des enfants des femmes esclaves au fiduciaire, Papinien et Ulpien accordaient au fidéicommissaire le droit d'en exiger la restitution. Ce dernier avis est plus logique : d'une part, on ne peut supposer que, comme pour les fruits, le disposant ait entendu faire bénéficier le fiduciaire de ces naissances; de plus, la jurisprudence romaine n'a jamais pu se résigner à considérer l'enfant de l'esclave comme un fruit ordinaire. Il est assimilé par les textes au croît des troupeaux destinés à remplacer les animaux qui ont péri [2].

Le fiduciaire a pu être enfin induit en dépenses pour assurer la conservation des objets compris dans le fidéicommis. La justice veut qu'il puisse retenir ses débours sur les objets héréditaires [3]. Le défunt a pu même charger le fiduciaire de remettre l'hérédité à un de ses propres esclaves, après l'avoir préalablement affranchi. Au moment du règlement, le fiduciaire retiendra au fidéicommissaire, qu'il a affranchi conformément à la volonté du testateur, la valeur de

[1] D. ad senat. cons. Trebell. L. 14, § 1.
[2] D. ad senat. cons. Trebell. L. 22, § 3.
[3] D. ad senat. cons. Trebell. L. 10, § 2. L. 22, § 3.

l'affranchissement. Ainsi, par une circonstance bizarre, le fidéicommissaire ne reçoit l'hérédité qu'après avoir payé sa propre valeur.

IV. — Des actions héréditaires.

C'est surtout à la maxime : *Semel heres, semper heres*, que s'attaque le sénatus-consulte Trébellien. Avant lui, du jour où le fiduciaire avait fait addition d'hérédité, il ne pouvait plus se dépouiller de sa qualité d'héritier. Voilà pourquoi il fallut, dans les premiers temps, recourir à la stipulation *emptæ et venditæ hereditatis*. Le sénatus-consulte, au contraire, donnant directement les actions pour et contre le fidéicommissaire, l'héritier fiduciaire est mis hors de cause. Qu'eussent dit les vieux jurisconsultes qui tenaient tant à la continuation juridique de la personne du défunt! Et cependant, même depuis le sénatus-consulte, il n'était pas admis que le fidéicommissaire, désigné en dehors de toutes les règles de l'hérédité, pût succéder aux droits les plus importants, c'est à dire à l'exercice des actions héréditaires proprement dites.

Il ne recevait que des actions utiles, *eæque in edicto proponuntur*. Pour les accorder, le préteur revêtait le fidéicommissaire d'une qualité qu'il n'avait pas d'après le droit civil [1]. L'héritier fiduciaire pouvait encore être actionné d'après les principes rigoureux

[1] Gaius, 2, § 253.

du droit civil; mais il opposait l'exception tirée de ce qu'il a restitué l'hérédité, *restitutæ hereditatis exceptio*, et les débiteurs de la succession s'en prévalaient à leur tour contre lui ([1]).

Cependant, lorsque le fidéicommissaire est absent et que l'action court le risque d'être périmée, le fiduciaire est obligé de poursuivre le jugement ([2]).

Où le fidéicommissaire devra-t-il être actionné? Les créanciers auront le choix entre le lieu où le fidéicommissaire a son domicile et celui où se trouve la majeure partie des biens: il n'y a pas à distinguer entre les actions civiles, prétoriennes, et même celles qui résultent d'obligations naturelles ([3]). Le transport est tel que les actions passent au fidéicommissaire avec le caractère qu'elles avaient entre les mains du défunt: les actions conditionnelles et à terme sont naturellement transmises, les unes avec la condition qui les affecte, les autres avec le terme qui en retarde l'exercice ([4]).

Tant que le fiduciaire n'a pas restitué l'hérédité, il exerce les actions; il les transmet telles quelles au fidéicommissaire, au moment où, par suite de la remise des biens, le sénatus-consulte s'applique. Les péremptions survenues seront donc opposables au fidéicommissaire, de même qu'il se prévaudra de

---

[1] D. ad senat. cons. Trebell. L. 27, § 7.
[2] D. ad senat. cons. Trebell. L. 9 prin.
[3] D. ad senat. cons. Trebell. L. 66, § 4.
[4] D. ad senat. cons. Trebell. L. 40. — D. ad senat. cons. Trebell. L. 27, § 7.

celles qui se sont accomplies en faveur du fiduciaire (¹).

Mais lorsque, par un privilége quelconque attaché
spécialement à sa personne, le fiduciaire a pu faire
modifier les règles ordinaires, ce privilége ne saurait
être transmis avec les biens, puisqu'il ne dépend pas
du fidéicommis. Paul imagine le député d'une province qui, à Rome, accepte une hérédité grevée de
restitution; en vertu de sa qualité, il demande que
les actions héréditaires soient intentées contre lui dans
sa province : s'il transmet l'hérédité, le fidéicommissaire devra répondre, à Rome même, aux actions (²).

Il est naturel que le fiduciaire ne puisse pas transmettre non plus au fidéicommissaire les actions dans
lesquelles il agit en vertu d'une cause étrangère au
fidéicommis. Ainsi, lorsqu'un fils a été grevé de restitution par son père, au profit d'une tierce personne,
et qu'il intente en même temps une demande de tra-
vaux dus par les affranchis, cette dernière action ne
passera pas au fidéicommissaire, car elle découle non
de la qualité de fiduciaire, mais de la qualité de fils
de patron, dont est revêtu celui qui l'exerce. Il jouit
du service des affranchis, même quand il a répudié
la succession et sauf le cas où il a été déshérité (³).

Le fidéicommis pouvait ne comprendre qu'une partie de la succession: le sénatus-consulte Trébellien ne
s'appliquait qu'à la portion transmise, les actions

(¹) D. ad senat. cons. Trebell. L. 70, § 2.
(²) D. ad senat. cons. Trebell. L. 56, § 3.
(³) D. ad senat. cons. Trebell. L. 55.

passant au fidéicommissaire proportionnellement à
ce qu'il avait reçu de biens. Mais un cas plus compliqué se présentait quelquefois. Le fiduciaire, avant
l'échéance du terme ou avant d'avoir été mis en de-
meure, laisse lui-même plusieurs héritiers. Les uns
s'acquittent de la charge imposée au défunt, les autres attendent : le fidéicommissaire reçoit les actions,
non plus d'un seul coup, mais à mesure que chaque
héritier lui remet une portion du fidéicommis, et proportionnellement à cette part [1].

Lorsqu'une partie seulement de l'hérédité était
grevée de fidéicommis, pour éviter toute difficulté, le
fiduciaire cédait quelquefois au fidéicommissaire les
droits qu'il avait sur les biens, par un contrat soit à
titre gratuit, soit à titre onéreux : il transmettait donc
plus qu'il ne devait en vertu du fidéicommis. Les actions ne passaient pas alors pour l'excédent.

La décision était différente lorsqu'au lieu d'une
quote-part, c'était toute l'hérédité que le fiduciaire
devait transmettre, avec cette réserve qu'il prélevât
tel ou tel objet. Si, négligeant cette dernière disposition, le fiduciaire n'exerçait aucune retenue, le sénatus-consulte Trébellien s'appliquait même à l'objet
réservé par le testateur [2].

Ainsi les actions passaient en vertu du sénatus-
consulte, lorsqu'elles dépendaient de biens compris
dans le fidéicommis ; une autre condition était exigée : celles qui se trouvaient dans la succession au

[1] D. ad senat. cons. Trebell. L. 64, § 2.
[2] D. ad senat. cons. Trebell. L. 30, § 3.

3

moment où le fiduciaire l'acceptait, se transmet-
taient au fidéicommissaire ainsi que celles qui, à
la suite de l'addition d'hérédité et avant la remise des
biens, ont commencé d'être intentées par ou contre
le fiduciaire, à l'occasion de contrats passés par le
défunt (¹). Mais, si les actions dépendaient de contrats
passés en son nom propre par le fiduciaire, quoiqu'à
l'occasion de l'hérédité, une cession en justice ou un
décret du préteur pourra seule les transférer au fidéicommissaire (²), et le sénatus-consulte Trébellien ne
s'appliquait plus.

L'exécution d'un jugement rendu à la suite d'une
action dirigée contre le fiduciaire à l'occasion et avant
la r mise de l'hérédité, ne sera pas poursuivie contre
le fidéicommissaire, mais contre le fiduciaire lui-
même ; car l'obligation résultant du jugement a été
contractée par le fiduciaire en personne, et le sénatus-consulte ne transmet que les actions qui dérivent
de la succession. Vis à vis du fidéicommissaire, le jugement n'aura eu d'autre effet que d'éteindre l'action
primitive qui l'a occasionné (³) ; car, toutes les fois
qu'une action s'est éteinte entre les mains du fiduciaire, elle ne peut être exercée par le fidéicommissaire. Ce dernier a seulement le droit d'être indemnisé
si l'extinction profite au fiduciaire ou provient de sa
négligence (⁴).

(¹) D. ad senat. cons. Trebell. L. 73.
(²) D. ad senat. cons. Trebell. L. 21.
(³) D. ad senat. cons. Trebell. L. 78, § 15.
(⁴) D. ad senat. cons. Trebell. L. 58.

Le transport d'actions peut se résumer dans les règles suivantes : 1° Au jour de la restitution, le fidéicommissaire seul a qualité pour actionner et être actionné ; 2° le transport a lieu de plein droit ; 3° il est proportionnel à la part que recueille le fidéicommissaire en vertu du fidéicommis ; 4° il s'applique aux actions qui découlent de contrats passés par le testateur ou le fiduciaire en qualité d'héritier; 5° il ne fait pas revivre les actions éteintes avant la remise des biens.

De la charge des legs et des fidéicommis particuliers. — Comme conséquence inévitable du transport d'actions, la charge des legs et des fidéicommis est transmise au fidéicommissaire. Toutes les règles tracées pour le transport d'actions s'appliquent donc à cette matière. Ainsi, lorsque toute l'hérédité a été transmise par fidéicommis, le fidéicommissaire supportera tous les legs; au contraire, lorsqu'une quote-part seulement lui aura été laissée, il n'acquittera qu'un nombre proportionnel de legs et de fidéicommis (¹).

Ulpien rappelle cependant qu'un rescrit d'Antonin a autorisé l'héritier à ne payer les legs que jusqu'à concurrence des forces vives de la succession. Si donc le fiduciaire, dit-il, a reçu du défunt la permission de prélever deux cents sesterces, et qu'il y ait d'autre part des legs montant à la somme de trois cents sesterces, la succession ne se composant

---

(¹) Code ad senat. cons. Trebell. L. 2.

que de quatre cents sesterces, le fiduciaire ne pourra
en prélever que cent seulement ([1]). Ainsi, quoiqu'il
remette toute l'hérédité, il est obligé en quelque
sorte, dans ce cas spécial, de supporter une part des
legs ou des fidéicommis particuliers.

Destinées du sénatus-consulte Trébellien.

Le transport d'actions, tel qu'il est réglementé par
le sénatus-consulte Trébellien, avait singulièrement
amélioré la législation sur les fidéicommis. Les fiduciaires ne profitaient pas de l'hérédité ; mais, tout au
moins, ils n'avaient plus à se plaindre d'avoir res-
pecté la foi jurée. Au cas où ils avaient fait des
avances, le fidéicommissaire était même tenu de leur
fournir des cautions au moment de la restitution de
l'hérédité. Ces cautions garantissaient, en outre, tous
les actes que le fiduciaire avait faits valablement en
qualité d'héritier pendant le temps où les biens
étaient restés entre ses mains ([2]). Après le sénatus-
consulte Trébellien, un homme désintéressé pouvait
donc accepter sans crainte le rôle de fiduciaire dans
tout fidéicommis.

Mais le Sénat s'était placé à un point de vue purement théorique, et la pratique fit reconnaître que le
législateur avait trop attendu des citoyens. La plupart des fiduciaires étaient mécontents du rôle que
le disposant leur assignait; le fidéicommissaire les

([1]) D. ad senat. cons. Trebell. L. 1, § 17.
([2]) D. ad senat. cons. Trebell. L. 1, § 16.

chassait en quelque sorte de leur qualité, puisqu'il était mis par le sénatus-consulte Trébellien, *loco heredis*. Ils refusaient donc d'accepter l'hérédité lorsqu'ils ne devaient retirer aucun profit de l'addition, ou seulement un avantage minime ([1]). Leur répudiation entraînait nécessairement l'extinction du fidéicommis.

Cependant, comme l'indique le texte du sénatus-consulte, il fallait avant tout protéger la libre exécution des volontés d'un mourant; toute la législation romaine est empreinte de ce caractère, et tend vers ce but. Le Sénat crut trouver le moyen de remédier au défaut du sénatus-consulte Trébellien, en étendant au fidéicommis les dispositions de la loi Falcidie. Le sénatus-consulte Pégasien ([2]) permit au fiduciaire de retenir un quart des biens compris dans la disposition.

Cette quarte, qui fut d'abord appelée quarte Pégasienne, changea complétement le rôle du fidéicommissaire dans la succession : au lieu d'être *loco heredis*, il redescendit au rang du légataire, *loco legatarii*. Toutes les conséquences tirées du principe contenu dans le premier de ces sénatus-consultes étaient anéanties par l'établissement d'un principe différent. Le fait seul de la restitution ne donnait plus au fidéicommissaire les actions actives et passives de l'hérédité. Prenant une part importante de l'hérédité, il devait cependant payer les dettes et profiter des

([1]) Gaius, 2, § 254. — Instituts. L. 2, tit. 23, § 5.
([2]) Entre 823 et 829 de Rome, 70 à 76 après J.-C.

actions proportionnellement à ce qu'il recevait. Il fallut donc faire intervenir entre lui et le fiduciaire la stipulation *partis et pro parte.*

Les dangers auxquels avait voulu remédier le sénatus-consulte Trébellien reparaissaient de nouveau, puisque le fiduciaire était exposé à toutes les actions des créanciers héréditaires. Il pouvait donc, dédaignant l'avantage que lui procurait le sénatus-consulte Pégasien, refuser encore de faire addition, s'il redoutait, par exemple, les dangers d'insolvabilité de la succession : « *eam sibi suspectam esse quasi damnosam* ([1]). »

Alors, le sénatus-consulte ordonnait au préteur de forcer le fiduciaire à faire addition d'hérédité. Obligé d'accepter, *jussu prætoris,* le fiduciaire perdait, il est vrai, le droit de retenir la quarte, mais il était protégé contre toutes les actions héréditaires qui passaient pour et contre le fidéicommissaire.

Il fallait donc appliquer dans ce cas la présomption du sénatus-consulte Trébellien, puisque les effets de l'addition d'hérédité étaient effacés. Les dispositions de ce sénatus-consulte, n'étant pas du reste abrogées par le sénatus-consulte Pégasien, s'appliquaient encore à certains cas.

Il se pouvait que le testateur n'eût imposé au fiduciaire que la restitution d'une partie de l'hérédité n'excédant pas les trois quarts ([2]). Le fiduciaire aimait bien mieux alors restituer la succession, en

([1]) Instituts. L. 2, tit. 23, § 6.
([2]) Instituts. L. 2, tit. 23, § 6.

vertu du sénatus-consulte Trébellien, puisque, sans
avoir à subir les actions, il recevait un gain au moins
égal à celui qu'il aurait retiré en vertu du sénatus-
consulte Pégasien : les actions se divisaient donc
naturellement et sans qu'on eût besoin d'avoir recours
à la stipulation *partis et pro parte.*

Mais, si le disposant n'avait pas laissé au fiduciaire
au moins le quart de l'hérédité, ce dernier était
nécessairement régi par les dispositions du sénatus-
consulte Pégasien. Ce dernier s'appliquait même
lorsque le fiduciaire n'avait, malgré son droit, retenu
aucune part de l'hérédité, l'ayant transmise tout
entière au fidéicommissaire.

Au premier abord, il semblerait que, ne profitant
pas des dispositions favorables du sénatus-consulte
Pégasien, il dût échapper à ses conséquences désa-
vantageuses. Tel était l'avis de Modestin, qui admettait que, dans cette circonstance, les actions passaient
pour et contre le fidéicommissaire. Ce jurisconsulte
hésitait cependant à appliquer le sénatus-consulte
Trébellien, car il conseille au fiduciaire de se laisser
forcer la main plutôt que d'accepter bénévolement la
succession quand il veut remettre toute l'hérédité.
En réalité, du moment qu'un quart des biens n'a pas
été laissé au fiduciaire, qu'il le veuille ou non, c'est
le sénatus-consulte Pégasien qui s'applique : les Instituts expriment formellement cette doctrine (¹).
« *Emptœ et renditœ hereditatis stipulationes interpo-*

(¹) Instituts. L. 2, tit. 23, § 6.

nebantur. » Pour que les stipulations intervinssent
en effet, il fallait bien que le fiduciaire fût exposé
aux poursuites des créanciers héréditaires.

Le disposant pouvait enfin laisser la valeur d'un
quart de ses biens au fiduciaire, mais en lui désignant
spécialement les objets qu'il devait retenir. Le fiduciaire est alors considéré comme un légataire : les
actions ne se divisent donc pas et passent toutes au
fidéicommissaire, en vertu du sénatus-consulte
Trébellien.

Pour résumer cette matière, il faut donc suivre la
distinction indiquée par Marcien ([1]). A-t-on fait la
retenue à titre héréditaire? ou bien a-t-elle été pré-
levée en vertu de la volonté du disposant? Le sénatus-
consulte Trébellien est applicable dans le second cas,
le sénatus-consulte Pégasien dans le premier.

Les fidéicommis pouvaient être faits soit *testat,*
soit *ab intestat.* Dans ce dernier cas, les jurisconsultes
étaient indécis sur la question de savoir si les dispositions du sénatus-consulte Trébellien régissaient le
fidéicommis. La raison de douter provenait du texte
même du sénatus-consulte, qui se place toujours
dans l'hypothèse d'un testament : « Et in eos quibus
ex testamento fideicommissum restitutum fuisset. »
Le sénatus-consulte Pégasien n'ayant été fait que
pour suppléer aux lacunes du sénatus-consulte précédent, devait être, comme lui, applicable ou non aux
hérédités laissées *ab intestat* par fidéicommis. La

([1]) D. ad senat. cons. Trebell. L. 30, § 3.

controverse se continua jusqu'au temps des Anto-
nins ([1]). Les mêmes raisons existaient cependant
d'appliquer les sénatus-consultes aux fidéicommis
ab intestat, et les arguments tirés dex textes finirent
par avoir tort. Ainsi, Paul applique le sénatus-
consulte Pégasien au cas où un fils de famille a prié
par codicille son père de remettre son pécule
castrense à une autre personne ([2]).

Le seul avantage nouveau qu'apportât le sénatus-
consulte Pégasien était de laisser au fiduciaire le
quart de l'hérédité. Cette règle ne pouvait même
pas être étendue. Ainsi, lorsque le fidéicommis comprenait plusieurs degrés, le fidéicommissaire, au
moment de restituer à son tour, n'avait pas le droit
d'invoquer les principes de la Falcidie. D'abord,
parce que le dernier fidéicommissaire n'aurait reçu,
en réalité, qu'une portion illusoire de la succession,
ensuite, parce que le rôle du fiduciaire intermédiaire
n'était d'aucune utilité. Il n'avait pas à faire l'addition
et ne devait pas garder définitivement les biens.
Cependant, Gaïus nous apprend que, lorsque le fiduciaire n'avait accepté que contraint par le préteur,
le premier fidéicommissaire pouvait alors retenir la
quarte ([3]).

La quarte n'était jamais due à l'héritier institué
dans un testament militaire quand il était grevé de
fidéicommis.

([1]) D. ad senat. cons. Trebell. L. 6, § 2.
([2]) D. ad Legem Falcidiam. L. 18 prin.
([3]) D. ad senat. cons. Trebell. L. 63, § 11.

Les deux sénatus-consultes vécurent sans se confondre, présentant chacun des avantages et des inconvénients : le premier n'exposant jamais le fiduciaire, mais ne lui offrant le plus souvent aucun intérêt à accepter ; le second, au contraire, lui permettant de recueillir une part importante de l'hérédité, mais le soumettant aux chances d'insolvabilité du fidéicommissaire.

Aussi, les stipulations furent-elles accueillies avec défaveur dès leur origine. Papinien les accusait d'être captieuses ; elles subsistèrent cependant, grâce à l'indifférence des empereurs, jusqu'au règne de Justinien. Il confondit les deux sénatus-consultes en maintenant toutes les dispositions utiles que chacun présentait. Ces règles conservèrent le nom du sénatus-consulte Trébellien, qui, à raison de sa simplicité, s'était plus introduit dans les mœurs que le sénatus-consulte créé pour le remplacer.

Le fiduciaire, sous Justinien, a le droit de retenir le quart de toute l'hérédité, et en supporte les charges en commun avec le fidéicommissaire, proportionnellement à ce qu'il reçoit. Il est affranchi de toute charge : 1° quand il remet toute l'hérédité sans retenir la quarte ; 2° quand, ayant refusé de faire addition, il y est contraint *jussu prætoris* ; 3° quand le testateur lui a laissé certains objets particuliers sans dire qu'il les lui attribue pour lui tenir lieu du quart.

Tel était le droit sous les Instituts : une légère modification y fut apportée par la Novelle.

Jusque là, en principe, le testateur ne pouvait prohiber la détraction de la quarte; mais, dans la pratique, les fidéicommissaires obtenaient souvent des rescrits du prince, en vertu desquels le fiduciaire chargé de rendre en retenant un objet déterminé, ne pouvait retenir davantage, quoique cet objet ne représentât pas la valeur du quart des biens.

Ils permettaient même quelquefois au testateur de ne rien laisser au fiduciaire ([1]). Justinien généralise cet usage dans la Novelle citée, et permet de prohiber la détraction de la quarte; il maintient toutes les autres dispositions sur les fidéicommis.

Le sénatus-consulte Trébellien eut la rare fortune de pouvoir être appliqué depuis le règne de Néron jusqu'à celui de Justinien : il a joué, nous semble-t-il, un rôle bien plus important dans la législation romaine que le sénatus-consulte Pégasien, appelé cependant à le remplacer. C'est lui qui, en matière de fidéicommis, présente surtout le type auquel se reconnaissent les œuvres des jurisconsultes romains : substituer aux théories vagues ou compliquées des règles simples et équitables.

([1]) D. ad senat. cons. Trebell. L. 30, § 5

DROIT FRANÇAIS.

DES SUBSTITUTIONS PERMISES.

—◇0◇—

En passant dans notre droit coutumier, le fidéi-commis changea tout à la fois de nom et de but. La substitution fidéicommissaire servit à maintenir la fortune sur un petit nombre de têtes : c'était la transmission d'un bien qui, à la mort du donataire ou légataire, passait, non pas à ses héritiers, mais à une personne désignée par le disposant, si cette personne était d'ailleurs capable de recevoir à cette époque.

Elle avait donc pour caractères distinctifs : d'être faite avec la charge de conserver jusqu'à la mort du grevé, de contenir l'obligation de rendre à cette époque à l'appelé, d'exiger que ce dernier à ce moment là fût encore capable de recevoir.

Les rois de France essayèrent en vain de combattre cette institution qui leur portait ombrage, en augmentant la puissance des seigneurs; elle subsista jusqu'à la Révolution.

Directement hostile au principe d'égalité absolue que la nation avait établi dans la proclamation des droits de l'homme et du citoyen, la substitution fidéicommissaire avait, en outre, le tort d'entraver l'amélioration et la circulation des biens. Enfin, elle était contraire à la nature. « Les substitutions, disait M. Bigot Préameneu (Séance du 18 floréal an XI), ne conservaient des biens dans une famille qu'en sacrifiant tous ses membres pour réserver à un seul l'éclat de la fortune; une pareille répartition ne pouvait être établie qu'en froissant tous les sentiments de cette affection qui est la première base d'une juste transmission entre les parents. » Aussi la Révolution fitelle ce que les rois n'avaient pu faire : une loi du 14 novembre 1792 abolit d'une manière indistincte toutes les dispositions qui présenteraient les caractères désormais prohibés de la substitution fidéicommissaire.

Le Code, tout en maintenant cette défense dans le § 1 de l'art. 896, y a apporté une exception dans deux cas prévus par l'art. 897 et réglés par les art. 1048 et suivants. La substitution fidéicommissaire est permise au grand-père et à l'oncle en faveur de leurs petits-enfants et de leurs neveux.

Ce ne fut pas cependant sans avoir été l'objet de vives critiques que ce principe fut consacré.

D'accord pour protéger la famille contre la mauvaise administration de son chef, mais divisés quant aux moyens à employer, plusieurs projets furent présentés au Conseil d'État.

La Cour de Cassation, avec des restrictions importantes cependant, demandait l'application de la Novelle 115, et voulait que, pour des causes graves, le père pût exhéréder ses enfants. Cette règle, trop dure, fut rejetée.

Le Droit Romain permettait encore au père de ne laisser à son fils prodigue que l'usufruit de la portion à laquelle il avait droit (¹). Pour que cette disposition nommée *officieuse* pût être admise, il fallait : que la dissipation fût notoire, que le père indiquât pour quelle cause il exhérédait son fils, que le fils lui-même fût encore prodigue au moment de la mort de son père. Ce système avait l'avantage d'être appliqué dans les pays de droit coutumier. Permise uniquement en faveur des petits-enfants, cette disposition ne ressemblait, ni par son nom, ni par son but, aux substitutions que les rédacteurs du Code voulaient abroger, et avec lesquelles elle n'avait jamais été confondue (²). Aussi, ce projet avait-il été primitivement admis au titre de la Puissance paternelle; les oncles furent associés au bienfait de la disposition (³). Le frère ayant le droit de déshériter complétement son frère, devait pouvoir, avec bien plus de logique que le père, ne le déshériter que partiellement. Cette dernière règle a été seule conservée, et le système

(¹) Loi 16, § de Curat. Fur.
(²) Daguesseau, 4ᵉ plaidoyer.
(³) 7 pluviôse an II.

général de la disposition officieuse a été rejeté de la rédaction définitive. Celui qui a été préféré présente de plus grands avantages.

Un aïeul, un oncle, peuvent assurer le sort de leurs petits-enfants et de leurs neveux, bien que le père se trouve, au moment de la mort du disposant, dans une situation prospère. Le disposant n'est plus obligé de désigner au public, comme un dissipateur, un de ses plus proches parents ; il n'a pas besoin de prouver que cette dissipation est notoire, qu'elle a existé, qu'elle existe encore. Ainsi, la disposition, tout en restant prévoyante, n'a plus rien qui rende suspect celui contre lequel elle est dirigée.

Le Code n'a même pas permis que la disposition pût être étendue à la réserve du fils prodigue, dans la crainte d'établir indirectement le principe de l'exhérédation totale du fils par le père. Ainsi, la substitution permise, tout en restreignant le pouvoir du fils sur les biens, ne lui enlève pas les revenus, et assure en quelque sorte son propre avenir. Il retire donc un avantage de la disposition. C'est ce que Daguesseau exprime, en disant qu' « en instituant l'enfant, on le déshérite, mais aussi qu'en le déshéritant, on l'institue. »

Ces avantages que présentoit la substitution permise furent méconnus à l'origine. Malleville disait que tout le système exigerait un sérieux examen à la première révision. Cependant, la loi du 17 mai 1826 est la seule qui ait essayé d'effacer à peu près complétement les règles du Code, et la loi du 7 mai 1849

n'a cru pouvoir rien faire de mieux que de les réta-
blir dans leur intégralité.

Il faut étudier successivement :

1° Dans quels cas la substitution peut avoir lieu.

2° Sous quelles formes elle est permise.

3° Quelles précautions sont exigées dans l'intérêt
des tiers et des appelés.

4° Quels droits elle confère pendant sa durée au
grevé et aux appelés.

5° Comment elle s'ouvre et comment elle s'éteint.

Les rédacteurs du Code ont scrupuleusement évité
d'employer le mot de *substitution;* ainsi, elle était
appelée *disposition officieuse* pendant le temps où l'on
discutait le projet de loi. Ces précautions de langage
étaient prises pour éviter de froisser le sentiment
public, qui aurait pu craindre que ces substitutions
fidéicommissaires dont il exigeait l'abolition ne fussent
rétablies. La disposition en faveur des petits-enfants
n'en est pas moins une substitution véritable, dont
les règles ont été pour la plupart puisées dans l'Ordonnance de 1747 : la force même des choses a
obligé les rédacteurs du Code à se servir des mots
caractéristiques de *grevé* et d'*appelés.* Les principes
de la substitution doivent donc être appliqués à cette
matière, et, comme elle constitue une exception à la
règle formelle de l'art. 896, elle doit être renfermée
dans ses limites les plus étroites.

4

CHAPITRE I.

———

DANS QUELS CAS LA SUBSTITUTION PEUT AVOIR LIEU.

La substitution, quelle qu'elle soit, suppose un concours de trois personnes : le disposant qui fait donation des biens, le grevé qui les accepte à la charge de les rendre à son tour à une autre personne, l'appelé qui doit bénéficier définitivement de cette restitution. Il faut donc, avant tout, rechercher qui peut être soit disposant, soit grevé, soit substitué.

Qui peut être disposant? — D'après l'art. 1048, les pères et mères peuvent disposer au profit d'un ou plusieurs de leurs enfants à la charge par celui-ci de rendre les biens à ses enfants nés ou à naître au premier degré seulement. Le texte ne parlant que du père et de la mère, exclue forcément l'aïeul; pour éviter cette conséquence, quelques auteurs ont bien soutenu que le mot *enfant* comprenait tous les descendants. Ainsi interprété, le texte permettrait à l'aïeul d'être disposant dans une substitution où son petit-fils jouerait le rôle de grevé : mais cette inter-

prétation ne doit pas être admise. Le tribunal avait
en effet proposé d'inscrire dans l'article : les pères et
mères et autres ascendants ; cet amendement n'a pas
été introduit dans la rédaction définitive. L'intitulé
du chapitre VI affirme plus clairement encore la pensée du législateur : des dispositions permises en faveur des *petits-enfants*. C'est que le père et la mère
n'ayant été admis qu'à grand'peine au bénéfice de
faire des substitutions, la loi n'a pas voulu étendre à
à tous les ascendants une si grande faveur.

Le beau-père et la belle-mère ne peuvent exercer
un droit refusé à l'aïeul. Il ne leur sera donc pas permis de faire, même en cas de prédécès de leur fille
ou de leur fils, une donation à leur gendre et à leur
bru qui soit grevée de substitution au profit des enfants de ces derniers. Les appelés seraient en effet
les petits-fils du disposant ; mais le grevé ne serait ni
son fils, ni sa fille.

Au père et à la mère viennent s'ajouter, avec une
restriction cependant, le frère et la sœur comme pouvant disposer de leurs biens par substitution. Mais
la disposition ne sera valable que dans le cas où le
frère mourra *sans enfants;* ces mots doivent être pré-
cisés. L'existence d'un enfant au moment de la disposition ne la rend pas forcément nulle ; elle la tient
en quelque sorte en suspens, et pour qu'elle soit valable, il suffit que cet enfant meure avant le disposant
lui-même.

Si les enfants du disposant lui survivent, la substitution sera-t-elle valable dans le cas de renonciation

ou d'indignité de leur part? La loi, sur ce point, pour être logique avec elle-même, devrait admettre l'affirmative. Peu favorable aux substitutions, elle les tolère dans deux cas, parce qu'alors elles viennent en aide aux règles générales établies pour la transmission des biens. Ses descendants étant morts pour sa succession, le disposant devrait pouvoir dès lors favoriser ses neveux qui sont ses héritiers les plus proches.

Mais il faut suivre jusqu'au bout la lettre de l'article 1049; d'après lui, ce n'est pas la qualité d'héritier chez l'enfant qui rendra la disposition nulle, c'est le seul fait de son existence au jour du décès du disposant.

L'article 964 va encore plus loin puisqu'il anéantit la disposition entre vifs, alors même qu'au moment de la mort du disposant aucun de ses enfants n'existe. La révocation, pour cause de survenance d'enfants, est en effet un principe qui régit toutes les donations et qui aurait par conséquent besoin, pour ne pas être appliqué aux substitutions, d'une abrogation formelle.

Les articles 1048 et 1049 se servent tous deux du mot d'*enfant*. Il suffira donc de se rendre un compte exact de cette expression, pour savoir tout à la fois quelles sont les personnes dont l'existence anéantit la substitution au cas où la disposition est faite par un frère, et quelles sont celles qui peuvent être grevées au cas où la disposition est faite par un père.

Qui peut être grevé? — Il a déjà été établi que le

terme d'*enfant* ne s'applique qu'aux fils et aux filles. Mais la loi permet-elle de disposer par substitution en faveur des enfants d'un fils naturel ou adoptif, et la présence de ce dernier empêche-t-elle la validité d'une disposition faite en faveur des enfants d'un frère?

Tout d'abord, la substitution ne saurait être annulée par la présence d'enfants naturels; elle ne pourra qu'être réduite si elle dépasse la quotité disponible; car, non seulement ils profiteraient de la nullité, mais en feraient profiter des héritiers collatéraux. De plus, ils ne sont pas compris parmi les enfants qui peuvent être grevés: ils ne l'ont même jamais été. L'Ordonnance de 1747 disait (¹) qu'on ne devait pas avoir égard à l'existence d'enfants naturels *même légitimés* autrement que par mariage subséquent, c'est-à-dire par lettres du prince.

La même solution doit être admise pour l'adopté qui n'est jamais désigné positivement par le Code sous le nom d'enfant: le plus souvent même une distinction est établie (art. 350 notamment). L'esprit de la loi, pas plus que le texte, ne permet à l'adoptant de grever l'adopté de substitution, l'adoptant et l'enfant de l'adopté sont étrangers l'un à l'autre ; c'est donc un étranger, auquel l'adoptant ne peut s'intéresser, qui profiterait surtout de la disposition.

Ainsi, le père ne peut grever de substitution que son fils ou sa fille légitime ; de même, le frère ne

---

(¹) Tit. 1, art. 23.

peut grever de substitution que son frère ou sa sœur
légitime. Mais, dans la mesure de la quotité disponible, le père, le frère, pourra grever soit un, soit plusieurs de ses enfants ou de ses frères.

Qui peut être appelé? — Ce sont surtout les appelés qui doivent profiter de la substitution. Il faut donc
supposer chez le disposant une affection qui motive
la donation ainsi faite. C'est ainsi que le fils naturel
n'étant rien au père de son père, c'est ainsi que
l'adopté n'étant rien au frère de l'adoptant, ne pourraient profiter de substitutions faites par ces personnes ; l'enfant légitime du grevé peut seul être appelé.
Cette règle est, en outre, motivée par le respect de
la transmission naturelle des biens. Voilà pourquoi un
père ne peut donner valablement à son fils, à la
charge pour celui-ci de transmettre à ses neveux ;
ces derniers seraient pourtant les petits-enfants du disposant, mais ils n'auraient pas, vis à vis du grevé,
les rapports de fils à père.

Les articles 1048 et 1049 exigent, en outre, que
l'appelé soit enfant du grevé au premier degré seulement : ce qui veut dire que le disposant, dont le
fils ou la fille n'a que des petits enfants actuellement
vivants, ne peut imposer aux premiers la charge de
rendre les biens composant la donation. Il n'aura pas
non plus le droit d'appeler et de grever successivement plusieurs enfants l'un après l'autre. Ainsi se
trouvent prohibées les substitutions graduelles de
l'ancien droit français.

Le disposant doit scrupuleusement se conformer à
ces deux prescriptions, dont la première est peut-
être trop rigoureuse : en ne respectant pas les articles 1048 et 1049, qui forment un droit tout excep-
tionnel, il retomberait dans le droit commun qui
déclare les substitutions nulles. Il ne serait même pas
permis, dans le cas d'une substitution graduelle,
appliquant la maxime : *utile per inutile non vitiatur,*
de déclarer la disposition valable au moins pour le
premier degré.

Il ne suffit pas que le grevé soit lié à l'appelé
par les rapports de père à fils; il faut encore,
aux termes de l'article 1050, que le disposant appelle
à profiter de la donation tous les enfants nés ou à
naître du grevé, sans exception ni préférence d'âge
et de sexe. Cette règle est une conséquence naturelle
de l'égalité absolue proclamée entre les enfants en
matière de succession. Tous les enfants du grevé
seront appelés à recueillir sans distinction ces biens,
dont ils auraient également profité sans distinction,
si aucune disposition n'avait été prise par l'aïeul.
Cette concordance parfaite de la volonté du disposant
et de la volonté de la loi dans toute substitution est
si forte que, lors même que la disposition serait faite
en termes vagues ou ambigus, le juge devrait, plutôt
que de déclarer la nullité, décider que tous les
enfants nés ou à naître ont été appelés, conformément au vœu du législateur. Mais, si le doute n'est
pas possible, la substitution devient radicalement
nulle.

Si cependant deux dispositions ont été faites dans un même acte, l'une au profit des enfants nés ou à naître, l'autre au profit de quelques enfants seulement, la nullité de la seconde n'entraînera pas la nullité de la première. Car ce sont deux clauses qui s'adressent à un grevé, à des appelés différents, et qui sont très distinctes dans la pensée de leur auteur.

Si le grevé de restitution au profit de ses enfants, dit l'article 1051, meurt laissant des enfants au premier degré et des descendants d'un enfant prédécédé, ces derniers recueilleront par représentation la portion de l'enfant prédécédé. Cette règle toute d'équité forme une exception au principe de l'article 1039 ; elle abroge en même temps l'article 62 de l'Ordonnance de 1735, confirmé par l'Ordonnance de 1747 (¹). « Ceux, disait l'article 20, qui sont appelés à une substitution et dont le droit n'aura pas été ouvert avant leur décès, ne pourront, en aucun cas, être censés en avoir transmis l'espérance à leurs enfants. » Rien, mieux que l'article 1051 comparé à l'ancien article 20, ne montre la différence entre l'esprit de l'Ordonnance et celui du Code. L'Ordonnance veut faire à chaque appelé la part la plus grosse possible, et comme chaque déchéance augmente le profit que retirera de la substitution chaque appelé qui reste, elle frappe de déchéance un grand nombre d'appelés. Pour le Code, la substitution n'est plus qu'un moyen offert

(¹) Tit. 1, art. 20, 21.

à chaque père de famille d'assurer l'avenir de ses
descendants, tout en respectant l'ordre légal des successions. L'article 1051 est donc aussi logique dans
le droit moderne que l'article 20 était bien coordonné
au système de l'ancien droit.

Mais Malleville (¹) prévoit une espèce plus compli-
quée : « Je crois, dit-il, que la charge de rendre
subsisterait quand même tous les enfants au premier
degré prédécéderaient le grevé, dès qu'ils laisseraient
des petits-enfants; c'est en effet à sa postérité que le
donateur a voulu pourvoir. » L'auteur ne peut
arriver à cette solution que par une extension très
large de l'article 1051, qui prévoit un cas différent.

La substitution est l'ensemble de deux dispositions,
l'une sous condition résolutoire, l'autre sous condition suspensive : résolutoire pour le grevé, qui
acquiert les biens, à moins que l'appelé ne lui sur-
vive; suspensive pour l'appelé, qui ne peut avoir
qu'un droit éventuel durant la vie du grevé. D'un
autre côté, en règle générale, les appelés doivent
être au premier degré seulement. Dans l'espèce de
l'art. 1051, la substitution produit tout son effet vis
à vis du grevé et des tiers, parce que la condition de
survie des appelés est accomplie : qu'une question
d'équité soit ensuite réglée entre eux, cela ne blesse
aucun droit acquis. Dans l'hypothèse prévue par
Malleville, au contraire, tous les appelés étant prédé-

(¹) Analyse de la discussion du Code civil, p. 505.

cédés, le grevé doit être, vis à vis de tous, propriétaire définitif des biens compris dans la donation.

La représentation n'est donc autorisée que dans le cas prévu par l'art. 1051 ; dans toute autre espèce, la substitution est caduque, les biens qu'elle comprend sont confondus avec les autres biens du grevé, et, si les petits-enfants y prétendent, ils les recueilleront en qualité d'héritiers et non en qualité d'appelés.

L'ensemble de cette première partie des règles sur la substitution a éprouvé des fortunes diverses. La loi du 17 mai 1826 fut presque un retour au régime de l'Ordonnance, car elle abrogeait à peu près les prohibitions importantes du Code. Elle était ainsi conçue : « Les biens dont il est permis de disposer, aux termes des art. 913 à 916 du Code Napoléon, pourront être donnés par actes entre vifs ou testamentaires, avec la charge de les rendre à un ou plusieurs enfants du donataire, nés ou à naître, jusqu'au deuxième degré inclusivement. Elle introduisait donc trois cas de substitutions prohibés par le Code, puisque la disposition était valable : 1° quel que fût le disposant; 2° alors même qu'un seul appelé était désigné à l'exclusion de ses frères et sœurs légitimes; 3° même quand la disposition contenait deux degrés.

Cette loi n'a plus qu'un intérêt historique depuis la loi du 7 mai 1849, qui rétablit toutes les dispositions du Code. Elles peuvent ainsi se résumer :

La substitution doit être faite par le père, la mère, le frère, la sœur, légitimes du grevé.

Il faut que les appelés soient tous fils ou filles du grevé.

Que tous les enfants nés ou à naître, sans distinction d'âge ni de sexe, soient compris dans la disposition.

CHAPITRE II

DES ACTES PAR LESQUELS ON PEUT SUBSTITUER.

La substitution est un acte à titre gratuit; il est donc naturel que le Code lui ait imposé l'obligation de revêtir la forme soit des donations entre vifs, soit des testaments. Par conséquent, l'*instrument* de la substitution, pour parler la langue de nos vieux jurisconsultes, devra remplir toutes les formalités prescrites pour l'instrument des donations ordinaires. Sallé (¹) avait mis ce point en lumière. Après lui, Pothier s'exprimait ainsi : « La nature des substitutions suit la nature de l'acte qui les contient : la substitution portée par un testament est une disposition testamentaire, celle portée par une donation entre vifs suit la nature des donations entre vifs (²).

Par application de cette règle, lorsqu'une substitution ayant pour origine une donation entre vifs n'avait été acceptée que par le grevé, nos anciens jurisconsultes n'hésitaient pas à admettre que le

(¹) Esprit des Ordonnances de Louis XV.
(²) Des Substitutions. Sect. 1, art. 2.

contrat n'avait d'effet irrévocable qu'entre le disposant et le grevé; pour qu'ils ne pussent plus le
détruire en se mettant d'accord, il fallait une acceptation formelle des appelés. Mais l'Ordonnance de
1747 établit un principe contraire : « C'eût été, dit
Sallé, admettre une contradiction évidente, que de
rendre une donation entre vifs révocable dans une
partie et irrévocable dans une autre, surtout dans un
cas où ces parties se trouvent si intimement liées,
qu'on ne peut les diviser sans les anéantir. Effective-
ment, la substitution étant la condition *sine qua non*
sous laquelle la donation est faite, il ne peut, dans
cette hypothèse, y avoir de donation sans substitution, comme il ne peut y avoir de substitution sans
donation. » Le même jurisconsulte ajoute qu'admettre
la révocabilité, ce serait rendre le donateur et le
grevé maîtres d'abroger la partie la plus essentielle
du contrat, celle en vue de laquelle il a été fait.
Enfin, s'il faut s'en tenir absolument aux règles de
la donation, n'est-il pas permis d'avancer que le
grevé a été censé accepter en son nom et en même
temps au nom des appelés?

Pothier (¹) aimait mieux trouver l'explication de
cette dérogation importante au droit commun dans
l'existence d'un quasi contrat que la loi formerait
entre le donataire et le substitué, et qui produirait
l'obligation du donataire envers ce dernier.

Ces raisons, bonnes sous l'Ordonnance, n'ont plus

(¹) Substitutions. Sect. 1, art. 2.

besoin d'être invoquées aujourd'hui. La substitution serait tout à fait inefficace, s'il fallait pour sa validité l'acceptation préalable d'appelés qui, le plus souvent, n'existent pas encore au moment où le contrat se forme. Le Code a donc eu raison d'apporter dans les art. 1048 et 1049 une dérogation au principe de l'art. 1121; le droit de propriété sous condition résolutoire du grevé, et le droit sous condition suspensive de l'appelé, naissent ensemble au moment où le grevé accepte la donation.

Il suit de là qu'une clause de substitution ne pourrait être ajoutée, au bout d'un certain temps, à une donation pure et simple; la clause serait nulle, quand bien même la volonté du donataire viendrait confirmer celle du donateur. La substitution constituée *ex intervallo* serait, en effet, une véritable stipulation pour autrui, telle que celles qui sont prohibées par l'art. 1119, et les parties seraient placées en dehors des règles tracées pour les substitutions permises.

La donation doit être annulée en vertu de l'art. 944 du Code Napoléon, lorsqu'elle contient une réserve qui permet de grever dans la suite de substitution les biens donnés; car, si la clause était appliquée, elle violerait la règle : donner et retenir ne vaut [1]. Cette prohibition doit être maintenue, malgré l'art. 1086, même pour les libéralités faites par contrat de mariage. Tel était l'avis de Pothier [2].

Dans une espèce, la loi se départit pourtant de sa

[1] Art. 15 de l'Ordonnance de 1747.
[2] Substitutions. Sect. 4, art. 2, § 5.

sévérité. Lorsque l'enfant, le frère ou la sœur, qui
ont reçu des biens par donation entre vifs et sans
aucune charge de restitution, acceptent une nouvelle
libéralité faite par donation ou testament, sous la
condition que les biens précédemment donnés demeu-
reront grevés de cette charge, ils ne pourront plus
diviser les deux dispositions faites à leur profit, et
renoncer à la seconde pour s'en tenir à la première,
quand même ils offriraient de rendre les biens compris dans la seconde disposition.

L'art. 1052 prévoit donc deux libéralités distinctes,
faites, il est vrai, par le même donateur au profit du
même donataire; c'est cette situation spéciale qui a
motivé la tolérance du législateur. Il ne faudrait pas
dire, pour justifier l'art. 1052, que le donateur a
conservé un droit sur les objets compris dans la
première donation; le donataire en est si bien devenu
l'unique propriétaire qu'il peut, en refusant la seconde
libéralité, conserver ses droits absolus sur la première [1]. Il ne faudrait pas non plus, avec Sallé,
rechercher, dans cette règle, une réminiscence du
droit romain permettant au testateur, dans l'institution d'héritier, de charger celui-ci d'exécuter des legs
portant tout à la fois sur ses biens propres et même
sur ceux de cet héritier. L'art. 1052 n'est pas davantage une application de l'art. 1121. Si le donateur
pouvait grever de substitution les biens précédemment
donnés toutes les fois qu'il stipule pour lui-même, il

_____

[1] Ricard. Donat. Part. 3, chap. 7, art. 6.

aurait le droit d'établir une substitution *ex intervallo*
dans tout contrat à titre onéreux, ce qui est formellement défendu. Il vaut donc mieux se résigner à
trouver dans l'art. 1052 une nouvelle dérogation au
droit commun. Les rédacteurs du Code, reconnaissant
équitable cette règle de l'Ordonnance, l'ont textuelle-
ment copiée. (Art. 16, titre Ier.)

Du reste, à part le trait-d'union qui résultera de
l'effet rétroactif de la substitution sur la première
donation, les deux libéralités n'exerceront aucune
influence l'une sur l'autre. Peu importe donc que la
première soit plus forte que la seconde, que celle-ci
soit faite par testament et celle-là par donation : il
suffit que ce soient des libéralités pouvant réellement
mériter ce titre, pour que la substitution soit valable,
sans qu'on ait même à s'occuper de savoir si l'une
est à titre particulier et l'autre à titre universel.

Les dispositions avec charge de restitution peuvent
comprendre en principe toute espèce de biens, meubles et immeubles; biens corporels et incorporels (¹).
Le donateur n'a donc aucune prohibition qui l'arrête
tant qu'il n'essaie pas de dépasser la quotité disponible; mais il ne pourra cependant grever de substitution que deux sortes de biens : 1° Ceux qu'il a
précédemment donnés au grevé; 2° ceux dont il est
encore propriétaire. Si le disposant pouvait stipuler
que le grevé restituerait des biens qui lui appartiennent en vertu d'une autre cause, la stipulation

---

(¹) Ordonnance de 1747, Tit. 1, art. 2.

perdrait toute analogie avec la transmission naturelle des biens. Pour que cette analogie ait lieu, il faut que la disposition frappe un bien qui, d'après l'ordre ordinaire des choses, aurait appartenu aux appelés, après avoir été d'abord dans les mains du disposant.

L'Ordonnance appliquait sur ce point un principe différent. Elle permettait de substituer *même les biens précédemment donnés* (art. 17). L'Ordonnance de 1731 s'était surtout préoccupée de maintenir l'irrévocabilité des donations. Pénétrée de la même idée, en reculant dans les art. 16 et 17 la limite des biens qui peuvent être grevés de substitution, jusqu'à comprendre ceux qui ont été précédemment donnés, l'Ordonnance de 1747 entendait admettre que toute autre espèce de biens pouvait être à plus forte raison substituée [1]. C'est ainsi que Pothier entend ce passage, lorsqu'il dit que le disposant peut charger de substitution les biens précédemment donnés, « comme il en pourrait charger les autres biens du donataire [2]. » Un peu plus loin, il insiste sur la même idée [3]. La règle de l'Ordonnance était donc extensive ; en supprimant le mot *même*, nos jurisconsultes ont établi une règle restrictive.

Un auteur permet de stipuler dans une seconde donation que les biens compris dans la première seront restitués par le grevé aux appelés quand bien même ils dépasseraient la quotité disponible. Cependant, renoncer à sa réserve dans une donation, c'est

---

[1] Ricard. Donat. Part. 3, chap. 7.
[2] Sect. 4, art. 1, § 4.
[3] Sect. 4, art. 1, § 5.

renoncer à un droit de succession, avant l'ouverture
de cette succession même; et cette renonciation est
défendue, dût-elle, comme dans l'espèce, profiter aux
enfants; il faut donc rejeter cette opinion. D'une manière plus générale, comme les substitutions ne sont
autorisées que jusqu'à concurrence de la quotité
disponible, toute condition contraire sera nulle, sans
qu'il y ait lieu de distinguer si elle se trouve dans
une donation ou un testament.

Du moment que la seconde donation est acceptée,
le donataire ne peut plus revenir sur le second contrat pour annuler les effets de la substitution. En vain
il offrirait de restituer tant le fonds que les fruits qui
composent la donation la plus récente : dans l'intérêt des appelés, les deux contrats, étrangers pour le
reste, sont, quant à leur existence, liés l'un à l'autre
d'une manière indissoluble (¹). Par une conséquence
naturelle, de même que l'acceptation est irrévocable,
elle ne doit avoir d'effet que du jour où elle a eu
lieu (art. 17 de l'Ordonnance). S'il ne s'est pas formellement prononcé sur ce point, le législateur prend
toujours trop de soin des droits des tiers, pour s'être
départi de sa prévoyance.

A part ces restrictions imposées au disposant et au
grevé dans une mesure d'ordre public, la loi laisse le
donateur maître de décider de quelle manière la restitution devra être faite et sous quelles conditions. Il
ne faut pas admettre, cependant, que le pouvoir du

(¹) Sallé, Tit. 1, chap. 2, art. 10.

disposant soit tel qu'il lui soit permis de fixer l'époque de la restitution à un moment qui précède la
mort du grevé. Ce droit ne saurait lui être accordé,
d'abord, parce que la substitution ne serait plus, dans
cette hypothèse, un auxiliaire de la transmission naturelle des biens; ensuite, parce que ce serait placer le
grevé dans une situation humiliante vis à vis de ses
enfants; enfin, parce que certains enfants pourraient
être par là favorisés aux dépens de leurs frères, malgré la règle de l'art. 1050. Ne pourrait-on même
pas dire que ce n'est pas une substitution véritable, la
charge de rendre *au décès* n'existant pas ?

Avant de terminer l'étude des formalités intrinsè-
ques nécessaires à l'existence de la substitution, il faut
remarquer que non seulement elle est soumise aux
formes ordinaires de la donation et du testament,
mais qu'elle emprunte encore certains de leurs caractères distinctifs. Ainsi, et c'est l'hypothèse qui s'est
le plus fréquemment présentée, tandis que la substitution est irrévocable lorsqu'elle a revêtu la forme
d'une donation, elle est révocable, au contraire, lorsqu'elle revêt la forme d'un testament. Il est donc très
important, surtout à ce point de vue, de rechercher
quel est l'acte qui a donné la vie à la disposition.

CHAPITRE III.

DES FORMALITÉS EXIGÉES DANS L'INTÉRÊT DES APPELÉS
ET DES TIERS.

Au moment où la substitution vient d'être maté-
riellement terminée et où elle va, pour ainsi dire,
entrer dans la vie civile, le rôle jusque là prépondé-
rant du donateur cesse : mais trois sortes d'intérêts
sont en présence.

L'intérêt des tiers qui, ignorant les clauses du contrat, peuvent être trompés par les actes de propriétaire qu'ils voient faire au grevé ; avant tout, il faut
les avertir que le droit de ce dernier est résoluble ;

L'intérêt du grevé auquel il importe que son droit
de premier donataire puisse s'exercer dans de justes
limites ;

L'intérêt surtout des appelés qui, devant être un
jour propriétaires, verront leur droit éventuel res-
pecté au moyen de certaines mesures.

La loi est parvenue à concilier tous ces intérêts
également importants.

La disposition entre vifs ou testamentaire met les

biens entre les mains du grevé : mais le Code a pres-
crit des mesures de précaution qui restreignent son
pouvoir. Elles sont au nombre de cinq, qu'il faut
examiner successivement.

1° *Nomination d'un tuteur à la substitution.* —
L'appelé peut être mineur au moment de la substitution, il peut même ne pas exister encore : il faut
donc nommer une personne chargée de prendre soin
des intérêts de la substitution et qui les représente
soit vis à vis du grevé, soit vis à vis des tiers : cette
personne sera le tuteur à la substitution.

L'Ordonnance de 1747 (titre II, art. 4) s'occupait
déjà de ce tuteur : mais, à cette époque, son rôle
était peu important. Quand la substitution comprenait plusieurs degrés, c'était le premier substitué qui,
sous le nom de curateur, représentait les intérêts des
autres appelés. Il n'était remplacé par un curateur
étranger que quand il était mineur lui-même, ou
lorsque c'était son père qui était chargé de substitution envers lui (art. 5 de l'Ordonnance). Le père ne
pouvait être en effet dans ce dernier cas, selon l'expression de Sallé, l'agent et le patient (¹). Aujourd'hui, le grevé ne peut jamais être que le père de
l'appelé : la loi généralise donc les termes de l'Ordonnance. Il y aura toujours un tuteur à la substitution
sans qu'il y ait à distinguer si l'appelé est ou non
majeur; car d'autres appelés peuvent survenir, et il

(¹) Esprit des Ordonnances, p. 334.

est utile qu'ils aient un représentant dès l'origine;
d'autre part, le respect que le fils porte à son père
pourrait lui faire négliger souvent ses propres
intérêts.

Le tuteur est donc tout spécialement créé pour
surveiller les biens qui composent la substitution. Il
assistera à l'opération de la constatation des biens, à
la vente du mobilier, à l'emploi des deniers; il s'assu-
rera que la transcription, l'inscription ont été prises.
N'ayant du tuteur que le nom, il ne sera pas contrôlé
lui-même par un subrogé-tuteur, et ses immeubles ne
seront pas frappés de l'hypothèque prévue par l'article 2121. Mais sa responsabilité sera générale : il
devra, en un mot, faire toutes les diligences nécessaires pour que la charge de restitution soit bien et
fidèlement acquittée (art. 1073). Combien il diffère,
par conséquent, du curateur de l'Ordonnance dont
toute la mission consistait à surveiller la confection
de l'inventaire et l'emploi des capitaux, et qui n'était
même pas responsable vis à vis de l'appelé, à moins
de fraude évidente (¹)! Enfin, quelque modestes que
fussent ses fonctions, le curateur pouvait les refuser;
tandis que le tuteur à la substitution moderne (c'est
là le seul point de ressemblance) est régi par les
mêmes règles que le tuteur ordinaire, quant à l'obligation de prendre la tutelle et quant à l'admission des
excuses.

Les fonctions du tuteur sont connues. Maintenant,

(¹) Furgeole, Com. sur l'Ord. de 1747. Art. 12 et 13.

qui a droit de le désigner ? Aux termes de l'article
1055, c'est d'abord le disposant qui pourra par le
même acte ou un acte postérieur, en forme authenti-
que, nommer un tuteur chargé de l'exécution de la
disposition. Pour mieux marquer l'importance du rôle
du tuteur, cet article déclarait même, dans le principe, la substitution nulle quand le disposant n'avait
pas *lui-même* désigné le tuteur dans l'acte. Dans sa
rédaction actuelle, il se contente de conférer ce pouvoir au donateur parce qu'il serait trop rigoureux
qu'un simple oubli annulât un acte aussi important
que la substitution.

A défaut du disposant, ce sera le conseil de famille
qui désignera le tuteur à la substitution, à la requête
du grevé ou de son tuteur, s'il est lui-même mineur
ou interdit (art. 1056). La loi ne désigne pas positivement le conseil de famille : mais tout fait supposer
qu'elle se réfère sur ce point aux règles de l'Ordonnance, qui confiait la nomination du curateur à une
assemblée composée de parents (¹). Le conseil sera
composé d'après les règles des articles 407 et suivants.

Ces règles devront pourtant quelquefois être modi-
fiées; l'application sans cela en serait parfois impossible. Ainsi, lorsque les appelés seront issus de mariages
différents contractés par le grevé, le conseil ne devra
s'adjoindre qu'un ou deux parents de chaque famille
maternelle. Si le grevé n'est pas encore marié, la

(¹) Furgeole. Art. 5 de l'Ordonn. de 1747.

ligne maternelle sera remplacée par trois amis. Par
analogie de l'article 1057, il faut également décider
que le juge de paix compétent pour présider le conseil de famille est celui du lieu où la succession s'est
ouverte.

. Le grevé a un mois pour faire les diligences nécessaires à la nomination du tuteur à la substitution. Le
délai partira soit du jour de la mort du donateur,
soit du jour où l'acte qui contient la disposition a été
connu du grevé (art. 1056). L'obligation de faire
nommer un tuteur n'existe pas, durant la vie du
disposant, auquel les fonctions de surveillant sont
tout naturellement dévolues : personne, autant que
lui, n'a qualité pour contrôler l'exécution de sa
volonté. A sa mort seulement, le tuteur héritera de
son autorité.

Le tuteur a donc, en quelque sorte, entre ses
mains le sort de la disposition. Il est naturel que le
Code ait fait de sa nomination une question d'ordre
public : le grevé qui n'aura pas fait nommer un
tuteur dans le délai voulu, sera donc déchu du
bénéfice de la disposition. Son droit, ajoute l'article 1057, pourra être déclaré ouvert au profit des
appelés, à la diligence soit des appelés, s'ils sont
majeurs, soit de leur tuteur ou curateur, s'ils sont
mineurs, soit de tout parent des appelés majeurs,
mineurs ou interdits, soit même d'office, à la diligence du procureur impérial près le tribunal de
première instance du lieu où la succession est
ouverte.

- Les juges ne seront pas absolument liés par cette règle, quelque impérative qu'elle paraisse au premier abord. Toute peine suppose une faute : si le grevé mineur n'avait pas lui-même reçu encore de tuteur, il serait bien dur de le déclarer déchu de son droit. La pensée de la loi est donc que la déchéance doit être prononcée seulement lorsqu'il aura été négligent.

2° *Inventaire des biens*. — Toutes les fois que la substitution comprendra une universalité de biens ou tout au moins une quote-part de cette universalité, un inventaire doit être dressé : les legs particuliers, au contraire, sont dispensés de cette formalité (art. 1058). Dans ce dernier cas, l'objet composant la substitution étant nettement déterminé par le testateur lui-même, un inventaire ne pourrait faire que double emploi : cependant, l'Ordonnance, aux yeux du moins de ses commentateurs, ne faisait pas de distinction comme le Code (¹). Il faut même ajouter que, avant elle, l'inventaire n'était pas regardé comme de rigueur, mais seulement comme de convenance (²). Au moment de s'emparer du legs particulier, s'il est prudent, le grevé fera pourtant bien encore aujourd'hui d'inviter le tuteur à la substitution à assister à la délivrance de l'objet légué, afin que, soit meuble, soit immeuble, sa prisée ou son état soient contradictoirement constatés.

(¹) Sallé. Sur l'art. 2 du tit. 2, p. 333.
(²) Sallé. Sur l'art. 1.

Quant aux substitutions contenues dans une donation entre vifs, il n'y a pas à distinguer si elles sont à
titre universel ou à titre particulier ; un état descriptif
et estimatif existe toujours, en vertu de l'article 948.

Les frais de l'inventaire, ceux de scellés, doivent
être prélevés sur les biens compris dans la substitution. Il faut prendre également sur ces biens les frais
de transcription et d'inscription, car ces dernières
formalités, ayant été instituées dans le même but,
rendent les mêmes services que l'inventaire, seul
désigné dans l'article 1059. Les frais de mutation
doivent, au contraire, être supportés par le grevé,
car ils ont été faits dans son intérêt personnel :
c'est par cette raison que l'ancienne jurisprudence
s'était déterminée (¹).

C'est à la diligence du grevé que l'inventaire doit
être fait. L'article 1060 lui donne un délai de trois
mois pour remplir cette obligation, et il sera procédé
à l'opération, conformément aux prescriptions spé-
ciales du Code de procédure (art. 942 et suivants).
Seulement, pour que l'inventaire soit valable, le tuteur
à la substitution devra avoir été invité à y assister
(art. 1059). Quand il ne se sera pas présenté, malgré
une convocation régulière, il sera tenu de dommages-
intérêts résultant de l'infidélité de l'inventaire : l'Ordonnance infligeait cette peine au curateur, et elle
est assez juste, pour servir encore de sanction à l'article 1059.

(¹) Conseil du Roi, 13 déc. 1712, 7 mai 1718. — Parlement de
Douai, Juin 1779.

A défaut du grevé, ce sera même le tuteur à la substitution qui fera procéder à l'inventaire, dans le mois qui suivra l'expiration du délai accordé au grevé. Si ce dernier s'abstient de paraître, les opérations n'en seront pas moins réputées faites contradictoirement avec lui. Enfin, en cas de négligence du tuteur, la loi donne à toutes les personnes désignées dans l'article 1057 le droit de pourvoir à la confection de l'inventaire, comme elle leur avait donné le droit de pourvoir à la nomination du tuteur. Leur intervention pourra donner lieu à un surcroît de frais, qui seront payés par ceux qui les ont motivés, c'est à dire par le grevé et le tuteur à la substitution.

C'est la seule sanction qui reste aux art. 1058, 1059 et 1060; le grevé négligent était plus sévèrement puni sous l'Ordonnance, qui le frappait (art. 42 et 43, titre II) de la peine de privation et restitution des fruits déjà perçus sur les biens substitués : la règle était générale, et aucune excuse n'était admise (¹).

3° *Vente du mobilier.* — Après l'inventaire, les appelés n'ont plus à craindre que le grevé détourne une partie des objets compris dans la substitution. Mais les meubles peuvent se déprécier avec le temps; aussi, la loi exige-t-elle, dans l'art. 1062, que le grevé les convertisse en argent. Il sera tenu, par

---

(¹) Sallé. Com. de l'art. 43, p. 366.

conséquent, de faire procéder à la vente de tous les meubles et effets compris dans la disposition. C'est du moins en ces termes généraux que l'art. 1062 s'explique.

Cependant une distinction doit être faite entre les meubles corporels et les meubles incorporels. Ces derniers ne se dépréciant pas avec le temps, la vente n'en saurait être ordonnée. C'est ainsi que l'art. 1066 suppose qu'ils ont été conservés en nature. Mais il ne faut pas tracer une nouvelle ligne de démarcation entre les meubles corporels eux-mêmes, et dire que le grevé peut conserver, sans les vendre, ceux qui échappent à l'action du temps, comme les bijoux, par exemple. Rien n'autorise cette distinction : la loi n'a prévu pour les meubles corporels que deux exceptions dont les limites ne peuvent être étendues.

Par la première, les meubles meublants et autres choses mobilières qui auraient été compris dans la disposition à la charge de les conserver en nature, seront rendus dans l'état où ils se trouveront lors de la restitution (art. 1063). Malleville a prétendu que cette règle était une réminiscence de l'art. 7 du titre I de l'Ordonnance. Elle n'est pas, en effet, une reproduction exacte de l'art. 7, qui ne parlait que des choses mobilières *servant à l'usage ou à l'ornement des châteaux ou maisons.* L'article ajoutait que ces meubles pourraient être chargés des mêmes substitutions que les châteaux, pourvu que l'auteur de la substitution l'eût expressément ordonné. C'est qu'à l'époque de l'Ordonnance, les jurisconsultes faisaient

peu de cas des meubles, et ne permettaient d'en faire
l'objet de substitutions particulières qu'à la condition
de les vendre : les meubles n'étaient conservés en
nature que, comme accessoires des immeubles, dans
les substitutions universelles. L'exception de l'art. 1063
est donc beaucoup plus étendue, puisqu'elle embrasse
toute espèce de meubles. Le disposant est quelquefois bien aise de laisser au grevé les meubles de la
famille auxquels tant de souvenirs sont attachés;
mais, pour cela, il devra, d'une manière expresse,
manifester sa volonté.

La deuxième exception indique que les bestiaux et
ustensiles servant à faire valoir les terres seront
censés compris dans les donations entre vifs et testamentaires des dites terres, et que le grevé sera tenu
seulement de les faire priser et estimer, pour en
rendre une égale valeur lors de la restitution (art.
1064). Depuis la rédaction de cet article, l'art. 524 a
rangé ces bestiaux et ustensiles parmi les immeubles
par destination. Or, comme les immeubles ne sont
pas soumis à la vente, il en résulte que l'art. 1064,
au lieu de constituer aujourd'hui une exception, n'est
plus qu'une application de la règle générale. Il y a
toutefois une réserve, en ce sens que le grevé devra
faire priser et estimer ces objets, pour en rendre une
égale valeur : or, il n'est pas tenu de procéder à
l'inventaire des autres immeubles. L'Ordonnance
(art. 9, titre II) laissait à la prudence des juges le
soin d'autoriser le grevé à conserver les meubles,
même dans les cas non prévus. Cette règle n'a pas

été reproduite par le Code qui a pourtant maintenu la
disposition qui précédait celle-ci. Il n'y a donc pas
oubli de la part du législateur, mais abrogation tacite
de ce principe, malgré l'avis de plusieurs auteurs.

Maintenant donc, à part le cas où la volonté du
disposant en a autrement décidé, tous les meubles
corporels seront vendus en présence du tuteur à la
substitution. La vente aura lieu par affiches et enchères, c'est à dire avec toute la publicité désirable :
l'autorisation de la justice n'est pas exigée. Ces formalités étaient usitées à l'époque de l'Ordonnance.
« L'usage est à Paris, dit Sallé ([1]), de mettre des
affiches dans les endroits les plus apparents de la
ville et notamment à la porte de la maison où la
vente doit être faite pour en indiquer le jour et le
lieu. Cette vente se fait toujours devant un' officier
de justice à la chaleur des enchères, et on dresse un
procès-verbal. »

Aucun délai pour procéder à la vente n'est indiqué : seulement, comme l'art. 1068 ne donne que
six mois pour faire emploi des capitaux à partir de
l'inventaire, il est naturel de supposer que la vente
doit être effectuée avant cette époque. En cas de
négligence du grevé, il serait remplacé par le tuteur
à la substitution.

4° *Emploi des capitaux.* — Après avoir tant fait
déjà dans l'intérêt des appelés, la loi ne pouvait

([1]) Esprit des Ord. Sur l'art. 8, p. 339.

abandonner complètement le sort des sommes substituées à la direction souvent maladroite du grevé. Aussi l'idée dominante du législateur est-elle, tout en indiquant au grevé la nature des placements à faire, de lui laisser les capitaux le moins longtemps possible entre les mains. Cependant, par la force même des choses, des distinctions doivent être faites entre les différentes sommes comprises dans la substitution.

Le Code accorde six mois à compter du jour de la clôture de l'inventaire pour faire emploi des deniers comptants et de ceux provenant du prix des meubles et effets qui auront été vendus et de ce qui aura été reçu des effets actifs (art. 1065). Quant aux recouvrements postérieurs ainsi qu'aux remboursements de rente, le grevé, déjà entré en jouissance des biens, a pu les prévoir : la loi diminue donc le délai, en l'obligeant à faire emploi dans les trois mois au plus tard (art. 1066). Le grevé pourra même, dans la première hypothèse, faire prolonger le temps qui lui est accordé, et le tribunal sera juge de sa diligence : dans le second cas, au contraire, cette faveur lui est refusée, puisque l'article 1066 ne lui donne que trois mois *au plus tard*, le délai courant du jour de la réception des deniers. De même, dans l'espèce prévue par l'article 1065, s'il n'y a pas eu d'inventaire parce que la substitution était faite par donation entre vifs, le point de départ du délai sera le jour où le grevé a été saisi des biens.

L'emploi sera fait conformément à ce qui aura été ordonné par l'auteur de la disposition, s'il a désigné

la nature des effets dans lesquels l'emploi doit être
fait (art. 1067). Rien de plus simple : cependant, si
le placement devenait mauvais, il serait contraire à
l'intérêt des appelés d'obliger le grevé à l'effectuer.
Par assimilation de l'article 1188, il pourrait être alors
autorisé à modifier la volonté du disposant, en faisant
le placement qui présenterait la plus grande analogie
avec celui désigné dans l'acte.

Si le disposant a gardé le silence, les sommes
devront être employées à acquérir des immeubles,
ou à prêter avec privilége sur des immeubles. Or,
comme le privilége ne peut être directement acquis
par convention (art. 2098), pour obéir aux vœux
de l'article 1067, le grevé emploiera les fonds substitués au paiement de la dette d'une personne dont
les biens sont grevés d'un privilége, et se fera
mettre au lieu et place du créancier privilégié
(art. 1250, 2103).

Il faut ajouter aux placements indiqués par l'article 1067 celui qui est permis par l'article 46 de la
loi de finance du 2 juillet 1862, c'est à dire l'emploi
en rente trois pour cent de la dette française. Malgré
tout, la sphère dans laquelle le grevé peut se mouvoir
est très étroite ; aussi, un commentateur a-t-il essayé
d'en étendre les limites, en assimilant au privilége la
première hypothèque ; mais rien ne permet, dans
l'article, d'accepter cette interprétation.

Le tuteur à la substitution doit être présent lors de
l'emploi des capitaux. Son influence est moindre
cependant que dans les opérations précédentes ; car

il ne peut que provoquer le grevé à faire l'emploi,
sans se mettre jamais à son lieu et place (art. 1068).
Il est naturel d'appliquer ici au grevé et au tuteur
les principes ordinaires de responsabilité, s'ils ont
fait ou laissé faire un placement contraire à la loi et
dommageable pour les appelés (art. 1382).

L'Ordonnance (art. 11, titre II) voulait que le
premier emploi des capitaux fût consacré au paiement des dettes et remboursements de rentes et
autres charges dont les biens substitués peuvent être
tenus, à moins, toutefois, que cette mesure parût
inopportune à la prudence des juges. « C'est placer
sur soi, dit Sallé, que de rembourser les rentes que
l'on doit. Ainsi, il ne peut y avoir un meilleur
emploi (¹). » Cette règle est en effet trop sage pour
n'avoir pas été sous-entendue : il faut dégager
l'actif avant de songer à un placement avantageux.

5° *Publicité de la substitution.* — La substitution
doit être publiée à la fois dans l'intérêt des appelés
et dans l'intérêt des tiers qui, traitant avec un propriétaire révocable, doivent connaître la condition à
laquelle le droit de ce dernier est soumis. Cette
formalité si utile remonte à 1553. L'article 4 de
l'Ordonnance de Saint-Germain-en-Laye, reproduit
par les Ordonnances de Moulins et de 1747, exigeait
que toutes les substitutions fidéicommissaires fussent
publiées en jugement, l'audience tenant, et enregis-

(¹) Sur l'art. 11, P. 341.

trées au greffe du siége où la publication était faite.
L'insinuation au greffe était donc alors précédée
d'une lecture à l'audience. Le Code n'exige plus que
la transcription, quand il s'agit d'immeubles; l'inscription, quand il s'agit de créances garanties par un
privilége. La publication sera faite à la diligence soit
du grevé, soit du tuteur à la substitution (art. 1069),
auxquels il faut ajouter le tuteur du grevé, s'il est
mineur, et le tuteur des appelés.

L'acte à publier par la voie de la transcription sera
tantôt un acte de donation, tantôt un testament,
tantôt un acte de vente.

Si c'est une donation qui contient la substitution,
l'acte en entier qui la constate doit être transcrit;
non seulement cette formalité aura l'avantage de
prévenir les tiers de l'existence de la substitution,
mais encore elle les avertira que le donateur cesse
d'être propriétaire des biens donnés. Maintenant,
prenant l'hypothèse de l'art. 1052, un léger amendement est introduit. Il faut : d'abord, la transcription
du second acte pour avertir les tiers que le donateur
n'est plus propriétaire des objets énoncés; puis, en
marge de la transcription du premier acte, la mention
de la transcription du second, qui contient la substitution grevant les biens compris dans la première
donation. Cette règle, sans être formellement indiquée, est une conséquence inévitable de l'art. 1069.

Au point de vue de la transcription, le testament contenant une substitution est soumis aux mêmes règles.

Enfin, quand les sommes substituées ont été

employées à acquérir des immeubles, l'acte de vente
contient la mention expresse ou implicite qu'on s'est
servi des sommes substituées pour acquérir l'immeuble; puis, l'acte est transcrit; la constatation qu'il
renferme de l'origine des deniers avertit les tiers de
la substitution.

S'agit-il de publier la substitution frappant une
créance garantie par un privilège? La charge de
rendre sera connue par une mention en marge de
l'inscription prise au nom du créancier auquel le
grevé a été subrogé. Si l'inscription n'a pas été
encore prise, ce sera au grevé, en prenant cette inscription lui-même, à insérer la mention.

Le Code n'a pas indiqué quelle publicité devrait
être donnée dans le cas où le disposant réclamerait
d'autres placements qu'un achat d'immeuble, ou une
subrogation à une créance privilégiée. Le grevé, soit
de lui-même, soit à la requête du tuteur à la substitution, pourra prendre les mesures les plus utiles,
sans y être forcé cependant.

Dans les autres cas, si la publicité a eu lieu conformément à la loi, la substitution est opposable aux
tiers; s'ils ont contracté avec le grevé, leurs droits
sont résolus par la résolution de celui du constituant.
Si, au contraire, les mesures pour rendre la substitution publique n'ont pas été prises, la règle est aussi
sévère qu'absolue. « Le défaut de transcription, dit
l'article 1071, ne pourra être suppléé ni regardé
comme couvert par la connaissance que les créanciers ou les tiers acquéreurs pourraient avoir eue de

la disposition par d'autres voies que colle de la transcription. » Le défaut d'inscription doit être régi par
les mêmes dispositions qui se justifient par la raison
donnée par Pothier (¹) : les formalités ne se suppléent
pas. Il eût été, en outre, imprudent de se lancer
dans des questions de fait, et la présomption de la
loi par laquelle la substitution est réputée non connue
tant qu'elle n'a pas été publiée d'une certaine façon,
lève bien des difficultés.

L'Ordonnance de 1747 donnait six mois pour la
publication et l'enregistrement des substitutions qui,
accomplis dans ce délai, avaient un effet rétroactif (²).
Cette disposition également insérée dans l'Ordonnance
de Moulins et la déclaration de 1712, n'a pas été
reproduite par le Code ; il n'y a donc plus de délai fixé
par suite du silence de la loi, silence bien regrettable
dans l'intérêt des appelés.

Il reste à rechercher qui peut se prévaloir du défaut de transcription ou d'inscription ; une observation
est nécessaire auparavant. La donation peut être
rendue publique sans que la substitution le soit. La
publicité de la donation avertit les tiers que le donateur n'est plus propriétaire : la publicité de la substitution avertit que le donataire n'acquiert qu'une propriété révocable. Elles étaient aussi différentes par
les formalités à accomplir que par leur nature même
dans l'ancien droit. L'Ordonnance de 1731 prescri-
vait l'insinuation pour les donations, l'Ordonnance

(¹) Donations. T. 3, n° 313.
(²) Art. 27 et 28 du tit. 2.

de 1747 la lecture à l'audience d'abord, puis l'enregistrement au greffe pour les substitutions. Il pouvait
donc, et il peut encore se faire, que la donation soit
publique et que la substitution ne le soit pas, le
grevé est alors, aux yeux des tiers, propriétaire
irrévocable. Ces principes posés par Pothier (¹)
donnent la solution de la question.

Pour ceux qui ont traité avec le disposant, peu leur
importait de savoir s'il y a eu, ou non, une substitution ; ce qui les intéresse, c'est l'existence de la
donation. Le disposant restera vis à vis d'eux propriétaire, si la donation n'a pas été transcrite ; si
cette formalité a été remplie, les droits qu'il aura pu
conférer ne sont plus valables.

Quant aux tiers qui ont traité avec le grevé, ils
auront d'abord à se préoccuper de savoir si la donation
a été transcrite, c'est à dire, s'ils ont traité avec le
propriétaire : puis, ils auront à se demander si la
mention de la substitution a été faite, c'est à dire,
s'ils ont traité avec un propriétaire irrévocable ou
non. Ainsi, tandis que les ayants-cause du disposant
peuvent, en vertu de l'art. 941, opposer au grevé le
défaut de publicité de la donation, ils n'ont pas qualité
pour opposer le défaut de publicité de la substitution
qui ne les regarde en rien. Ce droit appartient aux
ayants-cause à titre onéreux du grevé, à l'exclusion
de tous autres, en vertu de l'art. 1070. Cet article
désigne, en effet, les créanciers et les tiers acquéreurs,

(¹) Substitutions. Sect. 1, art 4, § 2.

comme pouvant opposer au grevé le défaut de transcription. Il n'y a pas lieu de distinguer si les créanciers
sont hypothécaires ou simplement chirographaires :
il ne faut au contraire comprendre parmi les tiers
acquéreurs que ceux à titre onéreux.

Il n'y a pas besoin de rechercher la cause de
laquelle résulte le droit du créancier à titre onéreux.
On lui doit sans qu'il ait commis d'imprudence : il
faut qu'il soit remboursé. Furgeole accordait le droit
de se prévaloir du défaut de transcription à « tous
ceux qui ont contracté avec le grevé à titre non
gratuit, soit pour établir quelque créance, soit pour
acquérir les biens substitués, même à ceux qui ont
quasi contracté avec le grevé, quand même le
contrat ou quasi contrat serait antérieur à la délation
des biens substitués ([1]).

Nous terminons ici l'étude des règles nécessaires
pour la préservation des intérêts de l'appelé et des
tiers. Deux principes dominent toute la matière. Le
grevé mineur ne pourra être restitué contre l'inexé-
cution des règles qui lui sont prescrites, dans le cas
même où son tuteur serait insolvable (art. 1074). Le
tuteur nommé pour l'exécution sera personnellement
responsable, s'il ne s'est pas, *en tout point*, conformé
aux règles ci-dessus établies (art. 1073).

Ainsi, la loi qui protège ordinairement les mineurs a dû se montrer ici rigoureuse, même vis à
vis d'eux, dans l'intérêt du crédit public.

[1] Com. Sur l'art. 32 du tit. 2.

CHAPITRE IV.

DES DROITS ET DES OBLIGATIONS DU GREVÉ ET DES APPELÉS
PENDANT LA DURÉE DE LA SUBSTITUTION.

La propriété ne peut rester en suspens. Or, pendant que la condition dure, il faut que le grevé ou l'appelé soit propriétaire. Ce ne peut être l'appelé, puisque, en vertu de la condition même, son droit ne sera peut-être jamais qu'une espérance non réalisée. La condition résolutoire à laquelle est soumis le grevé, à la différence de la condition suspensive, n'empêche pas l'exercice, en même temps que la jouissance du droit. Le grevé sera donc provisoirement le véritable propriétaire.

Dès lors, abstraction faite de toute autre règle, il peut exercer tous les droits du propriétaire : et d'abord, ceux que la loi confère à l'usufruitier : seulement il les exerce sans avoir la perspective de les voir un jour résolus. Il aura donc la propriété de tous les fruits naturels, industriels et civils, sans avoir là-dessus rien à restituer aux appelés. Il devra rendre, en revanche, les produits des mines et carrières non exploitées au moment où s'est faite la disposition, car ces produits ne peuvent être assimilés aux fruits (art. 598).

A ces droits, d'autres plus étendus viennent s'ajouter. Propriétaire, il peut disposer à titre onéreux et à titre gratuit des biens compris dans la substitution; à plus forte raison fait-il des actes d'une importance moindre, comme d'hypothéquer. Mais la condition restreint singulièrement son pouvoir. « N'étant point propriétaires incommutables, dit Sallé, et n'ayant qu'un droit incertain, les grevés ne peuvent en transporter à un autre plus qu'ils n'en ont eux-mêmes. C'est pourquoi, le cas de la restitution arrivant, le substitué qui entre en possession après le grevé, peut non seulement se pourvoir contre lui ou contre sa succession, mais même il peut s'attaquer directement au tiers détenteur et l'obliger personnellement à lui abandonner la chose sujette à substitution (¹). » Ainsi le droit que le grevé exerce maintenant d'une manière illimitée, peut se trouver anéanti rétroactivement par l'ouverture de la substitution (²). A cette règle générale, quelques exceptions ont été pourtant apportées; et certains actes du grevé sont opposables aux appelés.

I. D'abord les actes d'administration : si la loi leur infligeait la rétroactivité du fait accompli, personne ne voudrait traiter avec le grevé. Administrateur des biens, il faut qu'il soit possesseur de droits sérieux,

---

(¹) Sur l'art. 31, Tit. 2, p. 357.
(²) Pothier. Substitutions. Sect 5.

et notamment qu'il puisse faire des baux opposables
aux appelés (art. 595) ; peu importe leur durée,
pourvu qu'ils aient été faits sans fraude (par analogie
de l'art. 1673). Dans l'ancien droit, les auteurs
n'étaient pas d'accord sur ce point; plusieurs même
soutenaient que les baux passés par le grevé n'étaient
pas opposables aux appelés, quelque courts qu'ils
fussent : le doute n'est plus possible de nos jours.

II. Les actes d'aliénation qui ont été faits par le
grevé dans l'intérêt de la substitution doivent être
opposables aux appelés : certains biens ont été
vendus pour le paiement des dettes de la substitution
ou pour réparations urgentes sur les autres biens.
Cet acte ne saurait être attaqué, si le grevé a
d'ailleurs observé les formalités exigées par la loi
pour l'aliénation de biens appartenant à des mineurs,
sous le contrôle du tuteur à la substitution.

Les anciens jurisconsultes, si sévères quant aux
baux passés par le grevé, lui permettaient d'aliéner
les biens non seulement dans le cas de nécessité
urgente, mais encore pour cause d'avantage évident.
Cette règle est encore admise par argument d'analogie de l'article 457 ; il semble même équitable que
les tiers puissent opposer aux appelés, d'une manière
générale, tout acte d'aliénation fait par le grevé
avec l'autorisation de justice, dans la forme indiquée
par le Tribunal et avec le concours du tuteur à la
substitution.

Pothier allait plus loin quand il autorisait le grevé
pris par les Algériens à employer les biens substitués

au paiement de sa rançon. L'opinion du jurisconsulte sur ce cas, qui fort heureusement ne peut plus se présenter, est défectueuse : ce serait admettre, en l'acceptant, que les biens de la substitution peuvent être consacrés à payer les dettes du grevé : or, c'est ce que ne voulait pas le disposant.

III. En vertu du principe émis par Bourjon et consacré dans l'article 2279, l'appelé ne peut pas revendiquer les meubles dont a disposé le grevé soit à titre onéreux, soit même à titre gratuit, pourvu que le tiers acquéreur soit de bonne foi.

IV. De sa qualité d'administrateur découle, pour le grevé, le droit de recevoir le paiement des créances comprises dans la substitution, et d'en donner des quittances, qui seront opposables aux appelés. « La faveur de la substitution, dit Sallé, doit nécessairement céder à celle de la libération. Ainsi, comme il doit être permis en tout temps à chacun de se libérer, le débiteur d'une rente peut, nonobstant la substitution ou la minorité, en faire le remboursement *ad libitum*. Mais, de même que le débiteur, en cas de minorité, est obligé de suivre l'emploi des deniers provenant de son remboursement, il semblerait qu'il devrait être dans une pareille obligation dans le cas de substitution. Cependant, notre Ordonnance ne le rend responsable du défaut d'emploi que lorsqu'on a formé quelque opposition entre ses mains ([1]). » Toullier pense, avec la grande majorité des auteurs, que cette règle doit

([1] Sur l'art. 13 du tit. 2.

être encore appliquée, puisque les appelés ont toujours le moyen de ne pas être lésés. Ils feront notifier
aux débiteurs par le tuteur à la substitution, ou noti-
fieront eux-mêmes, s'ils sont majeurs, l'existence de
la disposition, avec défense de procéder au paiement
en dehors de leur présence.

V. Le grevé a qualité pour exercer les actions
relatives aux biens compris dans la disposition. Sous
l'Ordonnance, les auteurs pensaient généralement que
les décisions rendues contre les tiers pouvaient être
invoquées par les appelés, le grevé étant, à ce point
de vue, considéré comme le représentant naturel de
leurs intérêts. Ce principe est encore admis. Mais
faut-il décider également que les jugements rendus
contre le grevé soient opposables aux appelés?

Les articles 49 et 50 du titre II de l'Ordonnance
tranchaient cette question. Il y avait ouverture à
requête civile contre les arrêts qui seraient rendus
sans conclusions préalables du ministère public. Cette
garantie pour les appelés, si fort louée par Pothier (¹)
et par Sallé (²), n'a pas été maintenue (art. 83 du
Code de procédure civile). Mais l'Ordonnance exigeait,
en outre, la présence du tuteur à la substitution, pour
que le jugement fût opposable à l'appelé, et cette
doctrine doit être encore appliquée. En vain un
auteur prétend-il que, en présence du silence de la loi,
l'intérêt des appelés passe après l'intérêt général, et
qu'il ne faut pas ébranler le principe de l'autorité de

(¹) Substitutions. Sect. 5, art. 1.
(²) Sur l'art. 49 du tit. 2.

la chose jugée. Le système général du Code sur les substitutions est là pour justifier la distinction faite dans l'ancien droit. Ainsi, les appelés ont-ils été représentés au procès par le tuteur à la substitution, le jugement leur sera opposable; ils le repousseront dans le cas contraire.

VI. Si un partage de biens substitués doit avoir lieu contradictoirement avec un tiers, pour qu'il soit définitif vis à vis des appelés, il faut encore y appeler le tuteur à la substitution. L'opération ne pourra pas se faire en dehors de la justice, quand bien même tous les appelés seraient majeurs. Car, ceux qui existent maintenant peuvent ne pas être les seuls à profiter de la substitution.

VII. Sans être absolument obligatoire comme le partage, la transaction, dans l'intérêt même des biens substitués, doit pouvoir être opposée aux appelés, à la fin de l'administration du grevé. L'Ordonnance prévoyait ce cas et validait la transaction, pourvu qu'elle eût été entourée de certaines formalités, à savoir, l'homologation des cours donnée sur les conclusions des gens du roi (¹). Pour que la transaction soit encore aujourd'hui validée d'une manière absolue, il faudra la revêtir des formalités exigées pour les contrats du même genre qui intéressent les mineurs, en y ajoutant toujours la présence du tuteur à la substitution.

VIII. La prescription acquise contre le grevé peut

(¹) Salle. Sur l'art. 53 du tit. 2.

être également opposable au substitué majeur. Non
seulement Pothier admettait ce principe encore très
controversé de nos jours, mais il voulait qu'on
opposât la prescription même au substitué mineur.
Furgeole sur ce dernier point était d'un avis différent (¹), et le droit moderne lui a donné raison. En
effet, le Code favorise le mineur, puisque, d'une
manière générale, il arrête la prescription dans son
intérêt : d'autre part, les règles sur les substitutions
permises ont été écrites principalement dans l'intérêt
des appelés. Il semble donc difficile que le législateur
ait fait une exception à la règle qui favorise les mineurs et que cette rigueur tombe justement sur un
appelé, tout spécialement protégé en cette qualité par
le Code.

Les appelés profiteront-ils du bénéfice des prescriptions acquises par le grevé? Il faut rechercher si
la prescription a été acquise *propter dispositionem*, et,
si la question est affirmativement résolue, en faire
profiter la substitution. Cette règle sera surtout
appliquée en matière de prescription libératoire : en
matière de prescription acquisitive, il sera plus difficile d'établir que le grevé a agi *propter dispositionem;*
cependant, si cette preuve est administrée, les appelés
profiteront de la prescription.

IX. Toutes les exceptions examinées jusqu'ici ont
été tirées tantôt de l'Ordonnance, tantôt des règles
générales du Code. En voici une spécialement prévue

(¹) Com. de l'art. 31 du tit. 2.

par l'art. 1054 : « Les femmes des grevés ne pourront avoir sur les biens à rendre de recours subsidiaire, en cas d'insuffisance des biens libres, que pour
le capital des deniers dotaux et dans le cas seulement où le testateur l'auráit expressément ordonné. »
Cette disposition reproduit, en la restreignant, une
des règles de l'Ordonnance. Celle-ci n'accordait, il
est vrai, à la femme qu'une hypothèque subsidiaire [1]
ne s'appliquant qu'à la dot et au douaire coutumier
ou préfix, selon les cas (art. 45). Mais certains auteurs,
et surtout la Jurisprudence, prétendaient que, enfer-
mée dans ces limites, l'hypothèque frappait les biens
substitués, malgré le disposant lui-même [2]. Cette
doctrine, qui cependant prévalait, était vivement com-
battue par Ricard [3].

Ainsi, la législation de l'Ordonnance sur cette
matière se composait de quatre points principaux :

1° Une hypothèque était assurée *de droit* à la
femme ;

2° Cette hypothèque ne s'exerçait que subsidiaire-
ment, et en cas d'insuffisance des autres biens du
grevé ;

3° Elle ne protégeait que certaines créances de la
femme nommément désignées ;

4° Elle portait non seulement sur le capital, mais
encore sur les fruits et intérêts. Le Parlement de
Paris, bien avant l'Ordonnance, admettait déjà, par

[1] Sallé. Sur l'art. 44 du tit. 1.
[2] Sallé. Sur l'art. 44 du tit. 1.
[3] Des Substitutions. 2me part.

une jurisprudence invariable, que les intérêts de la
dot sont un accessoire nécessaire qui doit participer
aux priviléges du principal.

Sur chacun de ces points, en quoi l'art. 1054
s'est-il rapproché, en quoi s'est-il éloigné de l'Ordonnance?

Tout d'abord, le Code déclare que l'hypothèque
n'a pas lieu de plein droit sur les biens substitués; il
abroge donc l'art. 44 de l'Ordonnance. Cependant,
l'hypothèque légale de la femme du grevé sera conservée, si le disposant l'a *expressément* ordonné : la
loi n'entend même pas enfermer la volonté du donateur dans une phrase sacramentelle. Il faut qu'il
puisse laisser au grevé le moyen de trouver un
honnête établissement par mariage, comme disait
Pothier (¹); et le grevé rencontrera bien plus de
difficultés pour s'établir, si toute garantie est refusée
à sa femme sur les biens substitués. C'est pour la
même raison qu'il faut admettre, avec l'Ordonnance,
un principe analogue (art. 52, titre I). Du moment
où la volonté aura été expresse, le bénéfice de la
règle de l'art. 1054 est accordé, non seulement à la
première femme, mais successivement à toutes celles
qui épouseront le grevé. Il n'y a même pas lieu de
distinguer si la substitution a été faite avant ou après
le mariage, et la raison qu'en donne Pothier est
excellente. La femme, dit-il, a pu et dû compter
sur l'hypothèque des biens du père ou de la mère de

(¹) Substitutions. Sect. 5, art. 2, § 1.

son mari pour sa dot et son douaire, lorsque son mari aurait succédé à ses père ou mère (¹). Cette raison, moins forte peut-être quand il s'agit d'une substitution faite par un frère, est encore bonne cependant.

Sur le second point, l'Ordonnance et le Code renferment la même disposition. L'hypothèque de la femme ne pourra être exercée sur les biens substitués qu'en cas d'insuffisance des biens libres du grevé. Il faut, en effet, exercer l'hypothèque selon le droit commun, avant de se prévaloir d'une faveur qui est une exception formelle aux principes généraux qui régissent les substitutions.

Sur le troisième point, comme dans l'Ordonnance, l'hypothèque ne garantit que les deniers dotaux de la femme, spécialement désignés par l'article 1054. Le législateur n'a pas voulu donner une hypothèque à la femme pour toutes ses créances, parce qu'elles auraient pu atteindre une somme assez élevée pour absorber tous les biens de la substitution; et ce résultat n'eût dépendu que d'une entente entre le grevé et sa femme. Remarquons, en outre, que l'article 1054 ne vise pas seulement le cas où la femme est mariée sous le régime dotal, le mot *dot* s'employant également dans le régime de la communauté, qui est du reste le régime ordinaire.

Sur le quatrième point, comme sur le premier, le système de l'Ordonnance diffère de celui du Code :

(¹) Substitutions. Sect. ·, 11, § 4.

l'hypothèque ne porte que sur le capital et ne garantit
plus, par conséquent, les fruits et les intérêts : sans
cette règle, la femme aurait pu demander une sépa-
ration de biens, puis aurait laissé courir les intérêts,
augmentant ainsi le chiffre de ses reprises, qui,
par l'hypothèque, auraient singulièrement amoindri
les biens substitués.

Au point de vue du système général des substitutions, l'article 1054 ne peut donc qu'être loué. Toullier
admet cependant que cet article peut être renversé
par la simple volonté du disposant, puisqu'il pense
que ce dernier a le droit d'accorder une hypothèque
générale pour toutes ses créances à la femme du
grevé. Rien pourtant dans la loi n'encourage cette
opinion. Nous ne pouvons en effet supposer, avec
cet auteur, que le disposant ait entendu favoriser surtout sa belle-sœur ou sa bru, puisque, par une présomption invincible de la loi, la substitution est faite
en faveur de ses neveux ou de ses petits-enfants. Il
ne peut donc à la fois vouloir une chose et en vouloir
une autre. D'autre part, la loi, dans l'article 1054,
fait clairement sentir, qu'après avoir favorisé la femme
sur certains points, elle est bien décidée à ne pas
étendre plus loin ses exceptions. C'est pour les mêmes
raisons que le disposant n'a pas le droit de transfor-
mer en une hypothèque subsidiaire l'hypothèque de
l'article 1054.

X. Au moment de l'ouverture de la substitution,
l'appelé n'est pas censé tenir du grevé les droits qu'il
acquiert, puisque, aux yeux de la loi, le grevé n'a

7

jamais été propriétaire des biens substitués. L'appelé
peut donc, s'en tenant aux biens substitués, renoncer
à la succession du grevé; les règles précédemment
étudiées ne s'appliquent même que dans cette hypothèse. Car, si l'appelé accepte purement et simplement la succession du grevé, toutes les aliénations
faites par ce dernier et tous les droits qu'il aura concédés sur les biens substitués seront opposables à
l'appelé. S'il peut en effet revendiquer les biens, en
tant que substitué, il est responsable vis à vis des
tiers acquéreurs, en tant qu'héritier; c'est le cas, par
conséquent, d'appliquer la maxime : *quem de evictione
tenet actio eumdem agentem repellit exceptio.*

L'Ordonnance de 1747 n'admettait pas cette conséquence, parce que, comme l'expose Sallé, il pouvait
y avoir alors d'autres substitués après le premier
appelé, qui auraient intérêt à ce que les biens de la
substitution fussent rétablis dans leur état (¹). Pour
arriver à ce but, sans blesser l'équité, l'Ordonnance
établissait le droit de revendication de l'appelé, bien
qu'il fût héritier du grevé, puis, ajoutait : « sans
néanmoins qu'en ce cas, il puisse déposséder l'acquéreur qu'après l'avoir remboursé entièrement du prix
de l'aliénation, frais et loyaux coûts (²), »

Les raisons qui ont motivé cette disposition n'existent plus maintenant; elle a donc été abrogée après
avoir même subi les critiques de plusieurs jurisconsultes contemporains de l'Ordonnance : « Cette dis-

---

(¹) Sur l'art. 31.
(²) Art. 31, tit. 2 de l'Ordonn.

position, disait Furgeole, n'a aucun fondement dans le droit; elle est même contraire aux principes qu'elle établit (1). »

En dehors des cas qui viennent d'être examinés, les appelés sont fondés à opposer aux tiers la résolution des droits du grevé, lors de l'ouverture de la substitution. Mais si, juridiquement parlant, le grevé n'a jamais été propriétaire des biens substitués, en fait, ces biens sont restés entre ses mains : il a fait des dépenses, soit pour les entretenir, soit pour les améliorer; il est donc utile de régler quelles sont les charges qu'il supportera seul, et quelles sont celles qui, considérées comme des avances, devront être en définitive supportées par les appelés.

Le grevé fait les fruits siens : il supportera donc seul les dépenses d'entretien qui sont toujours une charge inséparable de la jouissance. En ne voyant que cette conséquence, certains auteurs ont assimilé le grevé à un usufruitier ordinaire, mais à tort, car ils ne sont pas dans la même situation. Dans l'espoir très légitime de devenir un jour propriétaire définitif, le grevé a pu faire sur le fonds substitué des améliorations qui seraient inexcusables chez un usufruitier, ou qui du moins ne s'expliqueraient que par la présomption : *donasse videtur*. Il est donc injuste de dire, comme le fait un auteur, que le grevé n'aura droit à aucune indemnité pour les améliorations qu'il aura pu faire. Il vaut mieux lui permettre de réclamer le

(1) Furgeole. Sur l'art. 31 du tit. 2.

remboursement pour la plus value existant au moment
de l'ouverture de la substitution par suite de ses
avances. A ce point de vue, en effet, la substitution
a une grande analogie avec la vente à remère, réglée
par l'article 1673. C'est par un raisonnement sembla-
ble, et en invoquant le même article, que le grevé se
fera rembourser les frais des grosses réparations.

Bourjon allait même plus loin : car, assimilant
complétement sur ce point le grevé à l'usufruitier, il
le dispensait de faire les grosses réparations à moins
que les appelés n'avançassent le capital : les intérêts
étaient payés dans ce cas par le grevé tout le temps
de sa jouissance (¹). La base de ce principe est
inexacte : il ne saurait donc être admis. Le grevé ne
fera-t-il pas mieux, si les sommes à débourser sont
trop fortes, d'obtenir une autorisation de justice, soit
pour emprunter, soit pour vendre une partie des biens
substitués ?

Si le grevé peut se faire rembourser les sommes
dépensées pour améliorer le fonds quand une plus
value en est résultée, il n'aura cependant pas le droit
d'imposer aux appelés les acquisitions nouvelles qu'il
aura faites dans le but de donner à ce même fonds
plus de valeur. Ainsi, s'il a acheté un terrain qui
séparait le fonds substitué d'une route fréquentée, le
jour de l'ouverture de la substitution, il ne pourra se
prévaloir de la plus value. Il gardera pour son propre
compte le terrain acheté; et de même que les appelés

_____

(¹) Droit com. de la France. T. 2, p. 133.

n'auront pas le droit de l'obliger à leur céder son
acquisition, de même il n'aura pas le droit de la leur
imposer.

Quant aux frais occasionnés par les procès pour
savoir si le grevé doit en être indemnisé, il faut
adopter la distinction de Pothier : ou les frais ont été
minimes, et alors ils seront assimilés aux charges de
jouissance, ou ils sont considérables, et alors les
appelés les supporteront (1).

Les droits du grevé sont donc absolus jusqu'à
l'ouverture de la substitution, et son influence, quoique moindre, est pourtant considérable encore après
cette époque. L'appelé, au contraire, ne possédant.
jusqu'à l'ouverture de la substitution, qu'une simple
espérance, n'a en principe aucune action contre le
grevé. Que celui-ci aliène les biens à titre onéreux.
qu'il en dispose à titre gratuit, les appelés ne peuvent
les revendiquer. Mais, en vertu de leur droit conditionnel, soit par le tuteur à la substitution, soit par
eux-mêmes, ils pourront intervenir pour faire tous
les actes *conservatoires* nécessaires avant l'ouverture
de la substitution : c'est en cela que, durant ce laps
de temps, se résument tous leurs droits. Plusieurs
auteurs ont voulu cependant leur en reconnaître un
autre beaucoup plus considérable, celui de disposer
de leur droit conditionnel, soit à titre gratuit, soit à
titre onéreux, ou même d'y renoncer purement et
simplement.

(1) Substitutions. Sect. 4, art. 71, § 1.

Avant l'Ordonnance, les renonciations pures et
simples étaient réputées inutiles tant que la substitution n'était pas ouverte, parce que, disait-on, on ne
peut valablement renoncer à un droit qui ne nous est
pas acquis. Quant aux renonciations accompagnées
de convention, pour en déterminer la validité, les
jurisconsultes distinguaient le cas où elles avaient été
faites avant ou après la mort du testateur : dans la
première hypothèse, la renonciation était nulle, considérée qu'elle était comme pacte de succession
future; dans la seconde, au contraire, elle était
valable (¹). L'Ordonnance paraît exclure la renonciation pure et simple dans l'article 28 du titre 1, et
n'admettre qu'une renonciation conventionnelle,
pouvant avoir lieu seulement entre le grevé et
l'appelé. Ces deux points étaient cependant vivement
contestés, notamment par Furgeole, qui admettait
pour l'appelé le droit de renoncer purement et simplement en faveur d'une personne quelconque (²).

Aujourd'hui, accorder un pareil droit aux appelés
serait une chose à la fois dangereuse et contraire à
l'esprit de nos lois sur les substitutions. Le père,
usant de l'influence qu'il a sur son fils, obtiendrait le
plus souvent une renonciation de ce dernier, qui
annulerait ainsi la sage disposition de l'aïeul. De
plus, en permettant à l'appelé de spéculer sur son
droit conditionnel, le Code en arriverait à encourager
des traités qu'il proscrit en général; ce n'est pas dans

(¹) Ricard. Substitutions. Chap. 9, sect. 2, part. 1.
(²) Com. sur l'art. 28 du tit. 1.

des dispositions où il veut avant tout faire respecter les droits de la famille, que le législateur aurait permis ces spéculations immorales. L'article 1130 ne s'applique donc pas à la matière : avant l'ouverture de la substitution, l'appelé n'a bien réellement que le pouvoir de faire les actes conservatoires de son droit conditionnel.

Il faut maintenant rechercher dans quels cas le pouvoir du grevé s'efface, et comment l'appelé peut entrer en possession d'un droit définitif.

CHAPITRE V.

DE L'OUVERTURE ET DE LA CADUCITÉ DES SUBSTITUTIONS.

L'examen fait dans la partie précédente des actes opposables ou non aux appelés, marque bien l'importance que la loi attache à la réalisation de la substitution. Mais cette attente peut être trompée, et, dès lors, la substitution devenant caduque, le grevé est censé avoir toujours été seul propriétaire avec un droit irrésoluble. Il faut donc étudier les cas où la substitution se réalise, puis ceux qui la rendent caduque, puisque de ces événements dépend le sort d'un grand nombre d'actes faits par le grevé.

Le Code a été sobre de détails sur cette matière importante : le seul article qui s'y rapporte est lui-même d'une concision regrettable. « Les droits de l'appelé seront ouverts à l'époque où, par quelque cause que ce soit, la jouissance de l'enfant, du frère ou de la sœur, grevés de restitution, cessera. L'abandon anticipé de la jouissance, au profit des appelés, ne pourra préjudicier aux créanciers du grevé antérieurs à l'abandon. » Mais quelles sont les

causes pour lesquelles la jouissance du grevé doit
cesser? C'est ce que ne dit pas l'article 1053; c'est
surtout ce que nous devons rechercher.

CAUSES D'OUVERTURE DE LA SUBSTITUTION.

I. Dans la pensée de la loi, l'ouverture de la substitution ne se fait naturellement que par la mort du
grevé. Ce principe était certain dans notre ancien
droit. Maintenant que les substitutions se placent
dans le même sens que les successions et tendent au
même but, elles ne peuvent s'ouvrir que par la mort
du grevé. Il faut donc repousser la doctrine qui
voudrait permettre au disposant de fixer dans le
contrat une époque antérieure à la mort du grevé
pour l'ouverture de la substitution.

Depuis la loi du 31 mai 1854, la mort civile qui
aurait été, comme la mort naturelle, une cause d'ouverture n'existe plus, et la peine qui la remplace ne
produit pas d'effet sur la substitution déjà faite. La
mort naturelle est donc le seul événement qui ouvre
régulièrement la substitution.

Ses effets sont absolus, par rapport aux tiers aussi
bien que par rapport aux appelés. L'appelé a, en effet,
le choix d'accepter ou de répudier la substitution;
s'il la répudie, le grevé en devient propriétaire définitif et les droits que ce dernier a concédés sur les
biens sont irrésolubles : si l'appelé, au contraire,
accepte la substitution, les droits des tiers sont

anéantis, et il est considéré comme donataire ou
légataire immédiat du disposant.

C'est de ce principe que nous avons déduit plus
haut, pour l'appelé, le droit d'accepter la substitution,
tout en répudiant la succession du grevé qui a une
source parfaitement distincte. De même, les biens
substitués ne pouvant être compris dans la formation
de la masse des biens laissés par le grevé ne compte-
raient pas pour le calcul de la réserve à laquelle les
appelés ont droit.

Mais la distinction doit-elle être continuée jusqu'au
bout, et l'appelé sera-t-il obligé d'intenter une demande en délivrance contre la succession du grevé
pour entrer en possession des biens substitués, ou
bien aura-t-il directement la saisine ?

Avant l'Ordonnance, les jurisconsultes étaient très
divisés sur ce point. Mornac (¹) pensait que l'appelé
n'avait pas besoin de former de demande en délivrance : c'était, dit Sallé (²), l'opinion des plus
habiles avocats du temps. Ricard (³) était au contraire
d'avis que l'appelé n'avait pas la saisine : comme
conséquence, il n'avait droit aux fruits que du jour
où il demandait l'exécution de la substitution. Enfin,
Lebrun (⁴) distinguait les appelés en deux classes,
donnant la saisine à ceux qui étaient en même temps
héritiers présomptifs et légitimes, parce qu'indépen-

(¹) D. ad. Tit. de Fid. hered.
(²) Sur l'art. 40 du titre 1.
(³) Substitutions. Part. 2, chap. 17.
(⁴) Des Successions. Liv. 3, chap. 1.

damment, disait-il, des droits qui leur sont dévolus
par la substitution, ils ont ceux du sang qui militent
en leur faveur. L'Ordonnance (art. 40, titre I) con-
sacre l'opinion de Ricard.

Le Code n'a pas reproduit la disposition de l'article
40, et l'article 1053 semble au contraire donner raison à Mornac, puisqu'il porte que le droit des appelés
sera ouvert à l'époque où *la jouissance* du grevé cessera : c'est une allusion évidente à la règle déjà établie
que les droits des appelés seront ouverts au moment
où le droit du grevé cessera. La cause qui ouvre la
substitution enlève complétement le bien du patrimoine du grevé pour le mettre avec un effet rétroactif dans celui de l'appelé. Ce dernier a reçu du disposant ; quel besoin a-t-il donc de venir à la succession
du grevé ? N'ayant pas les biens substitués entre ses
mains, l'appelé intentera une action en revendication,
comme peut le faire tout propriétaire ; il aura de
même droit aux fruits du jour où la condition s'est
réalisée.

La substitution peut s'ouvrir par l'absence du
grevé : les effets de l'ouverture seront régis dans ce
cas par les règles portées au titre de l'absence,
l'appelé ayant ses droits relativement aux biens substitués, assimilés à ceux de l'héritier présomptif relativement aux biens que l'absent possédait au jour de
sa disparition.

II. L'article 1057 prévoit un autre cas d'ouverture
de la substitution. Le grevé est déchu de son droit,
si, dans le délai voulu, il n'a pas fait nommer un

tuteur à la substitution; la disposition est ouverte au profit des appelés.

Mais les appelés à naître profiteront, aussi bien que les appelés actuellement existants, de l'ouverture de la substitution : à chaque naissance, les biens substitués seront donc soumis à un nouveau partage.

Vis à vis des tiers, l'ouverture de la substitution sera également définitive. La négligence du grevé à provoquer la nomination du tuteur peut être, en effet, considérée par rapport à lui, comme un cas de résolution du contrat de donation prévu par l'article 954. Il serait dangereux d'admettre deux ouvertures à la substitution, l'une provisoire au moment de la déchéance et ne concernant pas les tiers, l'autre définitive au moment de la mort du grevé. Cette distinction ne saurait être trouvée dans l'article 1053, qui, admettant la distinction dans le cas où l'ouverture a lieu par l'abandon de jouissance, la refuse implicitement dans les autres cas d'ouverture de la substitution.

III. La déchéance du grevé, dans le cas où il n'a pas fait nommer de tuteur, peut donc être considérée comme une application spéciale de l'article 954. Mais, d'une manière plus générale, la substitution sera-t-elle ouverte toutes les fois qu'une donation ordinaire serait révoquée aux termes des articles 954 et 955?

La substitution s'ouvre, d'après l'article 1053, lorsque le droit du grevé cesse, pour quelque cause que ce soit. Or, la révocation de la donation fait cesser le droit du grevé; dès lors, dans les cas où il

faut appliquer les articles 954 et 955, la substitution
est ouverte au profit des appelés nés et à naître. Il
y aura donc lieu de procéder au partage des biens
substitués entre les enfants actuellement existants,
quitte à provoquer un nouveau partage chaque fois
qu'un appelé naîtra. Les appelés transmettront également à leurs héritiers la part qu'ils auront reçue,
quand bien même ils viendraient à mourir avant le
grevé.

Si, au moment de l'ouverture de la substitution,
aucun appelé n'est encore né, le disposant, ou le
tuteur à la substitution, lorsqu'il a été nommé, pourront demander au tribunal de pourvoir à l'administration des biens, dans l'intérêt des enfants à naître ; ce
que fera le tribunal le plus souvent dans le jugement
qui révoque la donation.

La solution de ce point soulève une difficulté plus
générale. Pour devenir propriétaire, il faut être
capable d'acquérir, c'est à dire être au moins conçu.
Or, dans l'espèce, aucun des appelés n'est encore
conçu. Qu'on valide leur droit quand ils ont des
frères déjà nés, cela se comprend aisément ; l'égalité
doit être maintenue entre les enfants ; mais ici cette
raison n'existe pas. Les biens devraient donc faire
retour au disposant.

Cette objection serait sérieuse si la loi ne conférait
pas le titre d'appelé à l'enfant non encore conçu :
son droit existe donc, abstraction faite de tout autre
événement, et, comme conséquence, le titre de propriétaire ne peut pas lui être refusé.

Si la substitution a été faite par testament, les
héritiers du testateur exerceront l'action en révocation
du legs, conformément à l'article 1046, et ensuite la
substitution sera régie par les règles qui viennent
d'être exposées. Par suite de la révocation du legs,
la substitution fidéicommissaire ne se transforme pas,
comme l'a enseigné un auteur (1), en une substitution
vulgaire que doivent seuls recueillir les appelés
actuellement vivants; elle s'ouvre simplement au profit de tous les appelés nés ou à naître; la faute du
grevé ne saurait nuire, en effet, à personne autre qu'à
lui.

IV. Le seul cas d'ouverture qui ait été spécialement prévu dans l'art. 1053 est l'abandon des biens
substitués fait volontairement par le grevé aux appelés. L'expression du Code : abandon de *jouissance,* a
fait supposer à plusieurs auteurs que l'article ne visait
pas le cas d'un abandon du droit en lui-même. Mais
le législateur a l'habitude de désigner toujours par
ces mots le droit résoluble du grevé qui peut se
trouver réduit à une simple jouissance. C'est donc
son droit tel quel que le grevé cède aux appelés dans
l'art. 1053.

Ce principe était du reste consacré dans l'Ordonnance, qui, prévoyant la même espèce, la qualifiait
de « restitution du fidéicommis faite avant le terme
de son échéance. » La règle était d'une application
facile à cette époque; et même sous l'empire de la

(1) Duranton, t. 9, n° 601.

loi du 17 mai 1826. Maintenant que la disposition
doit être faite au profit de tous les enfants nés et à
naître, si complet que soit l'abandon, il ne pourra
être définitif qu'au moment de la mort du grevé. Mais,
à part cette réserve, l'abandon continue d'être une
restitution anticipée.

Pour que l'abandon soit valable, il faut le consentement des appelés ; car, en acceptant la donation ou
le legs, le grevé s'est engagé à conserver les biens
dans l'intérêt des appelés jusqu'à son décès : c'est un
droit pour eux que son administration ne cesse qu'à
ce moment. L'abandon de jouissance suppose donc,
comme le démontre Pothier, une entente du grevé
et des appelés ([1]).

Entre le grevé et les appelés vivants au moment
de l'abandon, les choses se passeront donc, comme si
le grevé était mort à cet instant même. « Si la restitution anticipée, dit Pothier, a été faite à quatre
personnes qui étaient pour lors les plus proches de
la famille, et qu'il en soit mort trois avant l'accomplissement de la condition de la substitution, celui qui
est resté seul peut-il prétendre à la portion des trois
prédécédés? Il semblerait qu'il le pourrait; néanmoins, il y a lieu de soutenir qu'il n'y est pas recevable ; car, en consentant de recevoir avec les trois
autres, il a consenti que la substitution fût ouverte sans
attendre l'accomplissement de la condition, et il n'est
pas recevable à revenir sur le consentement donné ([2]).»

([1]) Substitutions. Sect. 6, art. 1, § 2.
([2]) Substitutions. Sect. 6, art. 1, § 2.

Ainsi, chaque appelé transmet à ses héritiers la part qu'il reçoit au moment de l'abandon, même si le grevé lui survit; mais il renonce à l'espoir de voir sa part augmentée de celle des autres appelés. C'est que l'abandon anticipé présente, en réalité, tous les caractères d'un contrat aléatoire, dans lequel chacun garantit la part des autres pour préserver la sienne de toute chance de caducité.

Ce partage n'a rien de commun du reste avec le pacte sur succession future; car, d'après l'art. 1053, la substitution étant ouverte, les appelés sont devenus propriétaires des biens qui la composent; ils usent donc de leur droit de propriétaires en effectuant le partage qui sera définitif entre eux.

Vis à vis des appelés qui n'étaient pas encore vivants lors de l'abandon, la substitution n'est pas ouverte avant le décès du grevé. C'est à ce moment que se régleront leurs droits par rapport au grevé lui-même et par rapport aux autres appelés. Le grevé est tenu vis à vis d'eux de toutes les obligations dont l'avait délivré le consentement des appelés existants; ainsi, les appelés non encore conçus pourront lui demander compte de la manière dont les biens ont été administrés, même après l'abandon. Le nombre des appelés existant au moment de la mort du grevé formera la base du partage, le partage précédent étant non avenu pour les appelés qui n'y assistaient pas.

L'abandon anticipé de la jouissance, dit l'art 1053, ne pourra préjudicier aux créanciers du grevé antérieurs à l'abandon. Cette règle se trouvait déjà dans l'Ordonnance en termes moins précis cependant (art. 42, titre I). Nous pouvons donc dire du Code ce que Sallé disait de l'Ordonnance, c'est à dire « qu'il se déclare indéfiniment pour les créanciers ([1]). » L'art. 1053 apporte, en effet, une exception à la règle de l'art. 1167 : le créancier n'a pas besoin de prouver que l'abandon est frauduleux; il n'est même pas tenu de le faire révoquer. Il est dans la même situation que l'appelé : pour lui l'abandon est : *res inter alios acta.* Pothier avait donc tort de dire que les créanciers peuvent exercer contre le grevé l'action révocatoire ([2]); comme celle du Code, la règle de l'Ordonnance est plus large : ils n'ont pas besoin de faire tomber l'abandon, puisqu'il n'existe pas pour eux.

L'art. 1053 pourra être invoqué par les créanciers chirographaires aussi bien que par les créanciers hypothécaires et privilégiés, à la condition toutefois que la créance ait une date certaine avant l'abandon. Les tiers acquéreurs ont toujours été traités de la même manière que les créanciers; il faut donc, comme le faisait l'Ordonnance dans l'art. 43, les assimiler à ceux-ci, quant aux effets de l'abandon, et ne voir qu'un oubli dans le silence de la loi. « En fait de restitution anticipée, disait Sallé, les tiers acquéreurs ont été regardés d'un œil encore plus favorable que les créanciers. Car, à l'égard des tiers acquéreurs, on les a toujours maintenus, même vis

[1] Sur l'art 42, tit. 1, p. 309.
[2] Substitutions. Sect. 6, art. 2, § 2.

à vis des appelés en ligne directe à qui la restitution anticipée devait être faite » (¹).

Cette matière de l'abandon peut se résumer en trois principes :

1º L'abandon de jouissance fait par le grevé aux appelés est une restitution anticipée.

2º C'est un contrat qui ne lie, conformément au droit commun, que ceux qui y ont été parties

3º Dès lors, les appelés non encore conçus à ce moment et les tiers ne profitent ni ne préjudicient de l'abandon.

V. Lorsqu'un legs a été fait avec charge de substitution, et qu'au lieu de l'accepter, le légataire le répudie, cette répudiation motive un nouveau cas d'ouverture de la substitution. « En vertu de la maxime : le mort saisit le vif, disait Furgeole, il suffit que l'héritier ait survécu au testateur pour que les fidéicommis soient conservés, et que, si l'héritier répudie, le fidéicommis ne devienne pas caduc (²). » Cette règle, inscrite dans l'article 27 de l'Ordonnance, existe encore dans le droit actuel. Personne n'admettra, en effet, que le légataire universel en renonçant à son legs puisse faire tomber les legs particuliers dont il était chargé. Le grevé ne peut donc en renonçant à son legs faire tomber le fidéicommis dont il est chargé. Admettre le principe contraire, ce serait lui donner le pouvoir d'anéantir à la fois les droits des appelés et la volonté du disposant. En cas de répu-

(¹) Sur l'art. 43, tit. 1.
(²) Com. de l'art. 27 du tit. 1.

diation du legs, la substitution n'est donc pas caduque, mais ouverte au profit des appelés dont le droit devient définitif. Ici encore, chaque fois qu'un nouvel appelé naîtra, un nouveau partage sera nécessaire.

La question serait résolue d'une manière bien différente s'il s'agissait d'une substitution faite dans une donation non acceptée par le donataire. Dans l'hypothèse précédente, la disposition était valable, parce que le legs qui la contenait pouvait être considéré comme ayant existé, ne fût-ce qu'un instant de raison. Mais ici, la donation n'a pu jamais être formée, quelque courte, du reste, qu'on suppose sa durée, puisqu'elle ne pouvait vivre que par l'acceptation du donataire et que cette acceptation n'a pas eu lieu. La substitution n'est donc même pas caduque. « Une disposition, en effet, ne peut devenir caduque qu'autant qu'elle a existé ou du moins qu'elle aurait pu exister légalement et qu'elle était susceptible de produire un effet juridique (1). »

Dans quels cas la substitution devient-elle donc caduque, à proprement parler? Dans quels cas le grevé devient-il par conséquent propriétaire définitif?

CAUSES DE CADUCITÉ DE LA SUBSTITUTION.

Les causes de caducité de la substitution sont au nombre de deux : l'une réside dans la personne du grevé, l'autre dans la personne des appelés.

(1) Demolombe, Substitutions, T. 5, n° 564.

I. Lorsque la disposition est testamentaire, le prédécès du grevé ou son incapacité survenue avant la mort du disposant rend la substitution caduque. Ce principe, repoussé par les provinces coutumières, étaient admis par les pays de droit écrit, sous l'ancienne législation. Dans ces derniers, comme l'indique Ricard, une substitution fidéicommissaire ne peut exister d'elle-même dans un testament et sans une institution d'héritier qui lui serve de base (1). Cette raison n'existe plus aujourd'hui; mais d'autres aussi fortes la remplacent.

Toute substitution, en effet, suppose trois personnes appelées à y jouer un rôle, puisque c'est une donation faite au grevé à la charge de restituer à l'appelé. Ce caractère ne se rencontre pas dans l'espèce. Le grevé n'a pas vu s'ouvrir le droit en sa faveur, fût-ce un moment de raison. L'imagination ne conçoit pas cet instant imperceptible durant lequel la propriété repose sur la tête de celui qui doit rendre. Ce trait de temps, si bien défini par nos vieux jurisconsultes (Bergier sur Ricard), qui existe dans le cas où le grevé répudie le legs, n'existe pas dans le cas où il prédécède.

Maintenir la disposition en déclarant les appelés simples légataires du disposant, serait violer l'article 906, si tous les appelés profitent du legs; n'en faire profiter que les appelés actuellement existants, serait renverser les règles générales sur les substitu-

_____

(1) Substitutions. Chap. 3, sect. 1.

tions. La substitution doit donc être déclarée caduque en cas de prédécès ou d'incapacité du grevé, d'autant plus que le but principal en vue duquel elle a été faite n'existe plus ; les enfants n'ont pas besoin d'être protégés contre la prodigalité d'un père incapable ou mort.

II. La seconde cause de caducité a lieu lorsque le grevé recueille définitivement la libéralité. Pothier, prévoyant ce fait, disait qu'il pouvait se produire soit parce que le substitué était mort avant l'ouverture de la substitution, soit encore parce qu'à ce moment là il se trouvait incapable (¹). Il faut ajouter que la substitution est caduque toutes les fois que l'appelé ou les appelés, s'il y en a plusieurs, la répudient après qu'elle est ouverte.

Le grevé meurt sans enfants « lorsqu'au jour du décès, il n'y aura aucuns enfants légitimes et capables des effets civils, sans qu'on puisse avoir égard à l'existence des enfants naturels, même légitimés, autrement que par mariage subséquent, si pareillement à l'existence d'enfants morts civilement par condamnations pour crimes (art. 23 de l'Ordonnance). » Il faut rappeler, en outre, que, quand tous les enfants au premier degré sont morts, la représentation n'est pas admise.

« C'est après bien des essais, dit Malleville, et bien des discussions délicates, qu'on est parvenu enfin à se réunir pour établir les règles de ce chapitre. »

(¹) Substitutions. Sect. 7, art. 2.

Cette déclaration ne doit pas étonner ceux qui regar-
dent au résultat. La tâche était difficile pour un
législateur qui ne puisait ses inspirations que dans
des lois contraires à celles qu'il se proposait d'établir.
Concevant les substitutions dans des idées bien différentes de celles de nos vieux jurisconsultes, les
organisant dans un but opposé, les rédacteurs du
Code ont su prendre à l'Ordonnance ses dispositions
les plus heureuses pour les façonner à l'esprit de la
société moderne.

Tout n'est pas dit encore cependant sur les substitutions permises, qui ont le défaut capital de laisser
trop longtemps la propriété incertaine. Peut-être,
tout en conservant le principe pour lequel elles ont
été maintenues, le législateur arrivera-t-il à encourager davantage les transactions, et surtout à édicter
des règles auxquelles on ne puisse pas adresser le
reproche fait à l'Ordonnance « d'embarrasser par la
multitude et par la subtilité des questions abstraites
dont elle est remplie. »

POSITIONS.

DROIT ROMAIN.

I. L'héritier fiduciaire fait siens les fruits qu'il recueille avant de restituer la succession.

II. Le sénatus-consulte Trébellien s'applique aux hérédités *ab intestat* transmises par fidéicommis.

III. Peut-on usucaper l'objet que le propriétaire a livré en gage et volé dans la suite à son créancier?

IV. La vérité du fait allégué excuse en matière d'injures.

V. Les actions d'injures et de la loi Aquilia peuvent se cumuler.

DROIT CIVIL.

I. On peut désigner le tuteur à la substitution dans un testament olographe.

II. L'abus de jouissance n'est pas une cause d'ouverture de la substitution.

III. Le grevé n'est pas tenu de faire faire l'inventaire des immeubles compris dans la substitution.

IV. Le défaut de transcription de la substitution ne saurait être opposé par les héritiers du donateur.

V. La prescription court contre les appelés majeurs.

—

DROIT PÉNAL.

I. Les condamnations par contumace n'emportent pas l'interdiction légale.

II. L'accusé d'un meurtre ayant été acquitté ne peut pas être poursuivi pour cause d'homicide par imprudence résultant du même fait.

—

DROIT COMMERCIAL.

I. Le tribunal peut déclarer en faillite le commerçant qui n'a qu'un seul créancier.

II. Un office d'agent de change ne peut être légalement l'objet d'un contrat de société.

—

DROIT ADMINISTRATIF.

I. Il faut distinguer les établissements publics des établissements d'utilité publique.

II. Les cours d'eau qui ne sont ni navigables, ni flottables, sont choses communes qui n'appartiennent à personne, et dont l'usage est commun à tous.

III. Les églises sont inaliénables et imprescrip-
tibles.

—

PROCÉDURE CIVILE.

I. La tierce opposition est tantôt facultative, tantôt
obligatoire.

II. L'incompétence des tribunaux civils est absolue
en matière commerciale.

———

Vu.

Poitiers, le 24 février 1870.

Le Président de l'acte public,
Doyen de la Faculté,

FEY ✳.

Permis d'imprimer.

Le Recteur de l'Académie,

A. MAGIN (C. ✳).

—————

« Les visa exigés par les règlements sont une garantie des principes
» et des opinions relatives à la religion, à l'ordre public et aux bonnes
» mœurs (Statut du 9 avril 1825, art. 41), mais non des opinions pure-
» ment juridiques, dont la responsabilité est laissée aux candidats. »
« Le candidat répondra en outre aux questions qui lui seront faites sur
» les autres matières de l'enseignement. »

Bordeaux, imp. U. Gounouilhou, rue Guiraude, 11.